赵 剑 英　主编
Zhao Jianying　Editor

理解中国丛书
Understanding China Series

Understanding China's Manufacturing

# 理解中国制造

黄群慧　著

By Huang Qunhui

中国社会科学出版社
CHINA SOCIAL SCIENCES PRESS

## 图书在版编目（CIP）数据

理解中国制造／黄群慧著．—北京：中国社会
科学出版社，2019.8（2020.10 重印）

（理解中国丛书）

ISBN 978 – 7 – 5203 – 4815 – 7

Ⅰ.①理… Ⅱ.①黄… Ⅲ.①制造工业—工业发展—
研究—中国 Ⅳ.①F426.4

中国版本图书馆 CIP 数据核字（2019）第 155867 号

| | |
|---|---|
| 出 版 人 | 赵剑英 |
| 项目统筹 | 王 茵 |
| 责任编辑 | 王 茵 孙 萍 |
| 特约编辑 | 李凯凯 |
| 责任校对 | 赵雪姣 |
| 责任印制 | 王 超 |

| | |
|---|---|
| 出 版 | 中国社会科学出版社 |
| 社 址 | 北京鼓楼西大街甲 158 号 |
| 邮 编 | 100720 |
| 网 址 | http://www.csspw.cn |
| 发 行 部 | 010 – 84083685 |
| 门 市 部 | 010 – 84029450 |
| 经 销 | 新华书店及其他书店 |

| | |
|---|---|
| 印刷装订 | 北京君升印刷有限公司 |
| 版 次 | 2019 年 8 月第 1 版 |
| 印 次 | 2020 年 10 月第 2 次印刷 |

| | |
|---|---|
| 开 本 | 710×1000 1/16 |
| 印 张 | 16.25 |
| 插 页 | 2 |
| 字 数 | 203 千字 |
| 定 价 | 48.00 元 |

凡购买中国社会科学出版社图书，如有质量问题请与本社营销中心联系调换
电话:010 – 84083683

# 《理解中国》丛书编委会

**编委会主任：** 王伟光

**编委会副主任：** 李　扬　李培林　蔡　昉

**编委会成员**（以拼音字母为序）：

卜宪群　蔡　昉　高培勇　郝时远　黄　平
金　碚　李　林　李培林　李　扬　马　援
王　镭　王　巍　王伟光　杨　义　赵剑英
周　弘　卓新平

**主编：** 赵剑英

**编辑部主任：** 王　茵

**编辑部成员：** 孙　萍　朱华彬　喻　苗

# 出版前言

自鸦片战争之始的近代中国，遭受落后挨打欺凌的命运使大多数中国人形成了这样一种文化心理：技不如人，制度不如人，文化不如人，改变"西强我弱"和重振中华雄风需要从文化批判和文化革新开始。于是，中国人"睁眼看世界"，学习日本、学习欧美以至学习苏俄。我们一直处于迫切改变落后挨打、积贫积弱，急于赶超这些西方列强的紧张与焦虑之中。可以说，在一百多年来强国梦、复兴梦的追寻中，我们注重的是了解他人、学习他人，而很少甚至没有去让人家了解自身、理解自身。这种情形事实上到了1978年中国改革开放后的现代化历史进程中亦无明显变化。20世纪八九十年代大量西方著作的译介就是很好的例证。这就是近代以来中国人对"中国与世界"关系的认识历史。

但与此并行的一面，就是近代以来中国人在强国梦、中华复兴梦的追求中，通过"物质（技术）批判""制度批判""文化批判"一直苦苦寻求着挽救亡国灭种、实现富国强民之"道"，这个"道"当然首先是一种思想，是旗帜，是灵魂。关键是什么样的思想、什么样的旗帜、什么样的灵魂可以救国、富国、强国。一百多年来，中国人民在屈辱、失败、焦虑中不断探索、反复尝试，历经"中学为体，西学为用"、君主立宪实践的失败，西方资本主义政治道路的破产，"文化大革命"的严重错误以及20世纪90年代初世界社会主义的重大挫折，终于走出了中国革命胜利、民族独立解放之路，特别是将科学社会主义理论逻辑与中国社会发展历史逻辑结合在一起，走出了一条中国社会主义现代化之路——中国特色社会主义道路。经过最近三十多年的改革开放，中国社会主义市场经济快速发展，经济、政治、文化和社会建设取得伟大成就，综合国力、文化软实力和国际影响力大幅提升，中国特色社会主义取得了巨大成功，虽然还不完善，但可以说其体制制度基本成型。百年追梦的中国，正以更加坚定的道路自信、理论自信和制度自信的姿态，崛起于世界民族之林。

与此同时，我们应当看到，长期以来形成的认知、学习西方的文化心理习惯使我们在中国已然崛起、成为当今世界大国的现实状况下，还很少积极主动向世界各国人民展示自己——"历史的中国"和"当今现实的中国"。而西方人士和民族也深受中西文化交往中"西强中弱"的习惯性历史模式的影响，很少具备关于中国历史与当今发展的一般性认识，更谈不上对中国发展道路的了解，以及"中国理论""中国制度"对于中国的科学性、有效性及其对于人类文明的独特价值与贡献这样深层次问题的认知与理解。"自我认识展示"的缺位，也就使一些别有用心的不同政见人士抛出的"中国崩溃论""中国威胁论""中国国家资本主义"等甚嚣尘上。

可以说，在"摸着石头过河"的发展过程中，我们把更多的精力花在学习西方和认识世界上，并习惯用西方的经验和话语认识自己，而忽略了"自我认知"和"让别人认识自己"。我们以更加宽容、友好的心态融入世界时，自己却没有被客观真实地理解。因此，将中国特色社会主义的成功之"道"总结出来，讲好中国故事，讲述中国经验，用好国际表达，告诉世界一个真实的中国，让世界民众认识到，西方现代化模式并非人类历史进化的终点，中国特色社会主义亦是人类思想的宝贵财富，无疑是有正义感和责任心的学术文化研究者的一个十分重要的担当。

为此，中国社会科学出版社组织一流专家学者编撰了《理解中国》丛书。这套丛书既有对中国道路、中国理论和中国制度总的梳理和介绍，又有从政治制度、人权、法治，经济体制、财经、金融，社会治理、社会保障、人口政策，价值观、宗教信仰、民族政策，农村问题、城镇化、工业化、生态建设，以及古代文明、哲学、文学、艺术等方面对当今中国发展和中国历史文化的客观描述与阐释，使中国具象呈现。

期待这套丛书的出版，不仅可以使国内读者更加正确地理解一百多年中国现代化的发展历程，更加理性地看待当前面临的难题，增强全面深化改革的紧迫性和民族自信，凝聚改革发展的共识与力量，也可以增进国外读者对中国的了解与理解，为中国发展营造更好的国际环境。

赵剑英

2014 年 1 月 9 日

# 目　录

# 第 一 章

# 制造大国崛起

改革开放以来中国经济的崛起，其本质是中国成功地快速推进了工业化进程。伴随这个快速的工业化进程，中国制造业不断发展壮大，世界各地到处都能见到中国制造的身影。在 2010 年以后，中国工业化进程步入工业化后期，中国也成为世界产出第一的制造大国，但大而不强成为一种基本经济国情。当前，中国制造业在发展的同时也面临一系列新问题、新挑战，结构性产能过剩、产业亟待转型升级、新工业革命的挑战，甚至中美贸易摩擦也针对性地指向中国的制造业和《中国制造 2025》。在这种背景下，如何看待工业化后期的中国制造，未来中国制造的发展向何处去，这就成为一个十分重大、具有世界意义的话题。

## ◇ 一 从中美贸易摩擦谈起

进入 2018 年以后，美国挑起了中美贸易摩擦。4 月 4 日，美国政府发布了加征关税的商品清单，将对中输美的 1333 项价值 500 亿美元的商品加征 25% 的关税。4 月 5 日，美国总统特朗普要求美国贸易代表办公室（USTR）依据《对华301调查报告》，额外对1000亿美元中国进口商品加征关税。4月16日美国商务部宣布，将禁止美国公司向中兴通讯销售零部件、商品、软件和技术7年，直到2025年3月13日。理由是中兴违反了美国限制向伊朗出售美国技术的制裁条款。2018年6月15日，美国公布了将加征25%关税的500亿美元中国进口商品清单。其中对约340亿美元商品自2018年7月6日起实施加征关税措施，同时对约160亿美元商品加征关税开始征求公众意见。2018年7月6日，美国开始对340亿美元中国进口商品加征关税。2018年8月7日，美国贸易代表办公室宣布，将从8月23日起，对160亿美元中国输美产品加征25%的关税。2018年9月18日，特朗普指示美国贸易代表办公室针对大约2000亿美元的中国进口商品征收额外关税，关税将于2018年9月24日生效，2018年年底前为10%，2019年1月1日起将增至25%。同时，特朗普还称，如果中国政府对美国农民和其他行业采取报复性行动，美国将"立即"对另外价值2670亿美元的中国商品加征关税。这期间，中国政府也对美国采取了反制措施。2018年7月6日，中国将对原产于美国的545项约340亿美元的进口商品加征25%的关税，其中，汽车类商品涉及28项。2018年8月8日，国务院关税税则委员会决定，自2018年8月23日12时01分起对价值160亿美元的美国产品加征25%的关税。

在美国《对华301调查报告》中，存在着对中国技术创新和制造业发展的许多不实判断和无端指责，例如指责中国政府要求美国企业组建合资公司和技术转让；指责在中国许多核心产业中外国投资者仍面临所有权限制；指责中国政府提供充足的资金对美国公司和资产实施了广泛的系统性投资和收购，获得先进的技术；指控中国强制规定中国的信息网络中使用的产品有中国或其控制的实体公司开发和生产；等等。美国贸易代表办公室发布《对华301调查报告》（以下简称《报告》）称，"USTR认定，中国政府有关技术转让、知识产权和创新的法律、政策和做法是不合理或者具有歧视性"的，还列举了大量的案例予以证明，并以此为依据，美国政府挑起了中美贸易摩擦。虽然客观上看该《报告》也指出了中国一些现行制度和做法与国际通行规制的差异，但是，总体上看，该《报告》存在大量的主观臆断和错误认识，《报告》论证也有诸多逻辑混乱之处，以《报告》结论为基础发展贸易摩擦，实际就是欲加之罪，何患无辞。从《报告》指责中国的制造业技术转让问题来看，至少存在三方面错误。

一是论证过程存在逻辑误导。该《报告》认为中国充分利用外方所有权股比限制、审批程序来强制或者迫使美国企业转让技术，而论证支持这个观点的材料主要是一些行业的案例或者一些商会的调查。但实际上基于该《报告》所提供的这些论证材料得出中国强迫美国公司进行技术转让的判断存在以偏概全、牵强附会、无中生有、夸大渲染等诸多方面的逻辑误导。例如，《报告》抨击《中国外商投资产业指导目录》（2017年版）"在许多核心产业，外国投资者仍面临所有权限制"，"35个行业为限制类，存在股权限制或本地合作要求"。但该《报告》并没有全面指出实际上该目录列出的鼓励类产业高达348个，而限制类和禁止类产业基本上是关系国家安全的产业，美国同样存在出于国家安全等需要对外国投资者进行限制的行为。又如，《报告》给出一些面上调查基本来自美国商会，调查结果也只是担心被强制技术转让之类的主观感受指标（"35%受访企业担心实际的技术转让要求成为市场准入条件"），并没有实际发生了多少起被强制技术转让事件等客观数据，无法成为"业务许可核准与外资企业股比限制"

和"强制技术转让"有关联的直接证据，根据美国商会这些调查，《报告》推定"股比限制和业务许可核准"就是为了"强制技术转让"的结论十分牵强。再如，引用美国商会报告，《报告》莫须有地指责《中国制造2025》将技术转让给中国合作方作为市场准入条件，但是实际上《中国制造2025》十分强调和鼓励提高制造行业利用外资与国际合作水平。还如，《报告》通过夸大技术转让对本土企业创新能力提升的重要性，来渲染中国政府强制技术转让的强烈意愿。《报告》中专门列举了"长安模式"案例——长安集团通过政府规定的强制性合资获得合资方技术后控制了核心生产技术。但是，《报告》却忽视了长安集团长期大幅度增加研发投入培育自主创新能力的事实。实际上长安集团是在引进消化基础上再吸收的技术创新典范，但这种技术转让也完全是企业自愿行为，是各方企业自身发展战略的需要。德国、日本、韩国等国家也都鼓励这种企业创新行为。而且，从绝大多数在中国的汽车合资企业看，发达国家跨国公司虽然不具有绝对控股，但由于掌握核心技术，所以还是占有主导权的，而跨国公司对中国民族汽车企业技术升级的帮助并不明显，在一定程度上存在中国企业失掉了市场却并未换来技术的问题。

二是对国有企业行为存在严重误读。《报告》列举了一些国有企业的案例，将国有企业行为等同于政府行为，国有企业从合资方或者国外收购先进技术是政府行为。中国国有企业改革已经经历了40年，实际上中国国有企业生存发展状态已经非常多元化了，2013年以后按照十八届三中全会文件要求，中国的国有企业已经开始实施分类改革与治理，虽然存在一些深受政府影响的公共政策类企业，但数量非常少，绝大多数国有企业已经是具有现代多元化产权结构、市场化管理机制的商业类企业——"新国企"，这些"新国企"与民营企业一样是追求利润最大化的，其技术收购战略和国际化战略都是企业自身行为。《报告》指出 2000—2016 年 1395 起中国企业在美的投资收购案中，中国国有企业实施了 351 宗，占比约为 25%，但并没指出这 351 宗投资收购案实施主体的国有企业是什么类型的国有企业。在中国国有企业日益多元化、大多数国有企业都已经成为市场化主体"新国企"的情况下，以此证明中国政府主导的收购占有相当的比重无疑是存在严重的逻辑漏洞的。基于这样的证明，《报告》进一步得出结论"中国政府提供充足的资金对美国公司和资产实施了广泛的系统性投资和收购，获得先进的技术"——无疑是错误的。中国企业的对外投资是企业的市场化行为，随着中国产业的升级和市场竞争加剧，中国企业自身需要推动技术水平的提高，通过收购获得技术是国际惯例。国际经济学界公认企业跨国投资存在所谓"技术寻求型"跨国并购战略，中国企业发展到一定阶段实施"走出去"战略，在海外设立研发中心或者进行海外收购、技术型并购，即使存在个别高于一般市场价格并购标的的案例，总体上也都是全球化背景下"双赢"合作的正常企业行为，将其误读为政府干预下谋求知识产权是完全没有道理的。

三是对产业政策目标存在主观臆断。毋庸讳言，中国作为发展中国家一直重视实施产业政策促进经济发展，而且，中国从一个贫穷落后的农业国发展成为一个经济总量世界第二的工业大国，产业政策发挥了至关重要的作用。20 世纪 90 年代中国出于适度保护本土产业和国家经济安全的目的开始颁布《外商直接投资产业指导目录》。在加入 WTO 后中国积极与国际惯例接轨，绝大多数行业在市场准入环节已经实现了内外资企业的同等待遇，少数存在外资进入股比限制或者禁止进入的行业均是出于国家安全、传统文化保护目的，而不是《报告》对《外商直接投资产业指导目录》之类的产业政策目的主观臆断为获取技术。同样，关于《中国制造2025》的目的，《报告》也存在诸多误解和无端猜想。《中国制造2025》是以应对新一轮科技革命和产业变革为重点、以促进制造业创新发展为主题、以提质增效为中心、以加快新一代信息技术与制造业融合为主线、以推进智能制造为主攻方向的一个产业规划。从本质上看，《中国制造2025》主攻"智能制造"，与美国"先进制造业伙伴计划"主攻"工业互联网"、德国"工业4.0"主攻"物理信息系统"（CPS），并没有什么区别。而且学界专家编制的《中国制造2025技术路线图》提到的市场占有率、自主化率等目标，都只是一个预测性、信息引导性指标，不是政府设定的政策目标，不具有任何强制性，也没有与政府的相关政策、资金投入等挂钩。这只是坚持市场主导原则下的政府引导，这种做法在国外也并不鲜见。因此，《报告》认为《中国制造2025》限制外国企业市场经营或者将技术转让给中方作为市场准入条件，这是毫无根据的。需要指出的是，在中国2001年加入WTO后，需要无条件地遵循世贸组织《补贴与反补贴措施协定》和《与贸易有关的投资措施协议》，中国就一直在努力实现产业政策转型，更多的是依靠竞争政策促进中国经济发展。近年来中国的《反不正当竞争法》和《反垄断法》对于排除妨害竞争的不正当行为、建立公平的市场秩序、保护消费者和企业的正当利益发挥着日益重要的作用。至于《报告》中指责中国将《反垄断法》作为产业政策工具而不是保护竞争、对某些外国企业存在歧视性执法则是没有任何真凭实据的。

美国《对华301调查报告》之所以存在上述误导、误读和臆断问题，并不是偶然的。加入WTO后，在制造业全球分工的格局下，中国制造业升级步伐加快，中国产业结构从劳动密集型主导逐步转向资金和技术密集型主导，产业和产品结构与美国的重合度越来越高，双方在产业层面和技术层面的竞争日趋激烈。实际上，面对来自中国崛起的竞争压力，近些年一些美国智库不从美国自身找原因，而是将问题归结为中国"逾规竞争"，并捏造出"创新重商主义"（Innovation Mercantilism）概念，将中国列为"创新重商主义"国家，毫无道理地指责中国采用的是通过减少进口、扩大出口高附加值产品、违反世贸组织精神及规则的经济发展战略。① 从一定意义上看，美国《对华301调查报告》是近些年这个错误学术思潮的政府翻版。

从实质上看，美国对华贸易调查及中美贸易摩擦的根本原因在于美国对中国制造业的快速发展的担忧。美国《对华301调查报告》表面是针对贸易逆差，但其关键词是"技术"，核心是维护美国在高科技领域的利益，遏制中国向制造强国转型。从另一角度看，这恰恰说明，改革开放以来中国制造业发展取得了伟大的成就。中国的经济总量2010年已经居世界第二位，到2017年已经超过了美国经济总量的60%，尤其是中国已经成为世界第一的制造大国，制造业是兴国之器、强国之基、立国之本。随着中国这个制造大国的崛起，试图遏制中国从制造大国向制造强国转变才是美国挑起对华贸易摩擦的战略出发点。

## ◇ 二　伟大的中国工业革命

公元前221年秦始皇统一六国，建立了大一统的封建专制国家。

---

① ［美］罗伯特·D. 阿特金森、史蒂芬·J. 伊泽尔：《创新经济学——全球优势竞争》，王瑞军等译，科学技术文献出版社2014年版，第220—238页。

在西方工业文明兴起之前，中国历经时代沧桑、朝代更迭，一直是世界上为数不多的具有古老文明和先进生产力的大国之一。但是，在公元1800年以后从英国开始，逐步发展至德国、美国等世界范围的工业革命，结束了已经延续几千年的农业文明，开启了过去的200多年的现代工业文明。而中国这个古老的封建大国却错过了近代工业革命的机会，被现代化进程远远抛在了后面。

中华人民共和国成立以后，中国才真正开始了自己的工业化进程，初步奠定了工业化的基础。但是，中华人民共和国的工业发展之路并不顺利，工业化进程也几经中断，1958—1961年由于"大跃进"损失惨重，尤其是"文化大革命"十年给中国的工业体系造成了巨大的破坏。总体而言，1978年的中国，现代大工业体系已经具有一定基础，但总体上还处于工业化初级阶段，总体经济发展水平还十分落后。

改革开放以后，中国开始了中国特色社会主义现代化建设的伟大实践，改革开放40年带来了翻天覆地的革命性巨变。如表1—1所示，改革开放40年，中国主要的工业产品产量都成百倍、千倍地增长，现在大都已居世界前列，原煤、水泥、粗钢、钢材和发电量都居世界首位，中国是名副其实的世界第一工业大国。

表1—1　　　　　改革开放40年中国主要工业产品产量
变化情况（1978年与2017年数据）

| 产品 | 1978年 | 2017年 | 指数（2017年是1978年的百分比） | 世界位次 |
|---|---|---|---|---|
| 原煤（亿吨） | 6.2 | 35.2 | 567.7 | 1 |
| 原油（万吨） | 10405.0 | 19150.6 | 184.1 | 4 |
| 天然气（亿立方米） | 137.3 | 1480.3 | 1078.2 | — |
| 水泥（万吨） | 6524.0 | 234000.0 | 3586.8 | 1 |

续表

| 产品 | 1978 年 | 2017 年 | 指数（2017 年是1978 年的百分比） | 世界位次 |
|---|---|---|---|---|
| 粗钢（万吨） | 3178.0 | 83172.8 | 2617.1 | 1 |
| 钢材（万吨） | 2208.0 | 104958.8 | 4753.6 | 1 |
| 汽车（万辆） | 14.9 | 2901.8 | 19469.8 | — |
| 金属切削机床（万台） | 18.3 | 67.3 | 367.2 | — |
| 发电量（亿千瓦） | 2566.0 | 64951.4 | 2531.2 | 1 |

注：金属切削机床数据为 2016 年数据，世界位次为 2015 年数据。

资料来源：国家统计局：《中国统计年鉴（2017）》，中国统计出版社 2017 年版，第 6 页；国家统计局：《中华人民共和国 2017 年国民经济和社会发展统计公报》，《人民日报》2018 年 3 月 1 日；国家统计局国际司：《国际地位显著提高，国际影响力明显增强——党的十八大以来经济社会发展成就系列之二》，2017 年 6 月 21 日，国家统计局网站（http://www.stats.gov.cn/tjsj/sjjd/201706/t20170621_1505616.html）。

制造业是工业的主体和核心，中国工业大国的地位主要由制造业不断发展壮大所支撑。[①] 世界 230 多个国家和地区都能见到中国制造的身影，在 2010 年以后中国就成为世界产出第一的制造大国。在联合国工业大类目录中，中国是唯一拥有所有工业门类制造能力的国家，现在中国 500 种主要工业品中有 220 多种产量位居全球第一。[②] 如图 1—1 所示，据联合国统计司数据库数据，到 2016 年，中国制造业增加值达到 30798.95 亿美元，占世界比重达到 24.5%，比世界第二位的美国制造业增加值 21830 亿美元多出了近万亿美元，几乎是世

---

[①] 本书主题是制造业，但由于中国制造业数据获得性比较差，有时候会用工业数据来代替说明制造业问题，当然这口径相对比较大，一般经验数据是中国制造业增加值是工业的 90% 左右。本书后面论述时就不再一一说明。

[②] 魏际刚：《中国产业中长期发展战略问题》，《中国经济时报》2015 年 5 月 5 日。

界第二位美国和第三位日本制造业增加值的总和。在1984年，美国制造业增加值占世界比例曾达到过29%，几经起伏，2016年美国制造业增加值占全球制造业比例只有17.3%；日本在20世纪90年代制造业增加值占全球制造业增加值比例曾达到21.5%的峰值，但到2016年，该比例下降到只有7.7%。实际上，正是由于中国制造业的快速发展，世界制造业的格局才发生了巨大的变化。总体而言，虽然高收入国家仍占据世界制造业增加值大约60%的比例，但是近20年高收入国家制造业增加值比重在不断下降，在很大程度上与亚洲特别是中国相关。中国占全球制造业增加值的比重从1970年的可忽略不计上升到2016年的占据全球1/4。[①]

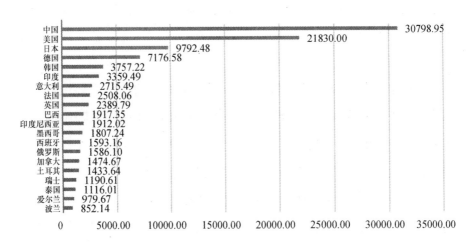

**图1—1 2016年世界主要国家制造业增加值（亿美元）**

资料来源：联合国统计司数据库。

---

① 玛丽·霍尔沃德－德里梅尔（Mary Hallward－Driemeier）、高拉夫·纳亚尔（Gaurav Nayyar）：《不断变化的全球制造业格局：12个事实》，《中国经济报告》2018年第4期。

改革开放 40 年，中国迅速成长为世界第一工业大国、第一制造业大国，这是一个 13 亿多人口大国的工业化进程，这是一个持续 40 年工业平均增长超过两位数的快速发展过程，这在人类历史上可以说是"前无古人"的。如果说，古老的中国错过了 200 年前的工业革命，那么，改革开放 40 年则是中国在 20 世纪末期开启的自己的伟大工业革命历程。①

## ◇ 三 "大而不强"与"双端挤压"

在认识到改革开放 40 年伟大的中国工业革命取得巨大成就的同时，还必须看到中国制造业"大而不强"的基本经济国情，还必须认识到制造业发展的不平衡不充分问题十分突出。

一是制造业产业结构发展不平衡，制造业产业结构高级化程度发展不充分。中国制造业中，钢铁、石化、建材等行业的低水平产能过剩问题突出并长期存在，"去产能"成为供给侧结构性改革的主攻方向之一；在制造业中传统资源加工和资金密集型产业占比还比较高，高新技术制造业占比还较低。虽然近些年中国制造业高技术产业增速远远高于整体工业增速，但到 2017 年，医药制造业，航空、航天器及设备制造业，电子及通信设备制造业，计算机及办公设备制造业，医疗仪器设备及仪器仪表制造业，信息化学品制造业这六大高技术制造业增加值占规模以上工业增加值的比重也只达到 12.7%，远低于六大高耗能行业占规模以上工业增加值的比重。从产业技术能力看，

---

① 文一：《伟大的中国工业革命——"发展政治经济学"一般原理批评纲要》，清华大学出版社 2017 年版，第 7 页。

"工业四基"能力还有待提升，传统制造业中的关键装备、核心零部件和基础软件严重依赖进口和外资企业，一些重大核心关键技术有待突破，新兴技术和产业领域全球竞争的制高点掌控不足。高档数控机床、集成电路、高档芯片、精密检测仪器等高端产品依赖进口。作为美国挑起的中美贸易摩擦的一部分，2018年4月发生的"中兴通讯事件"，充分说明了这一点。

二是制造业产业组织结构发展不平衡，产业组织合理化程度发展不充分，存在相当数量的"僵尸企业"，优质企业数量不够，尤其是世界一流制造企业还很少。虽然从资产规模、销售收入等指标看，中国已经涌现出了一批大型企业集团，根据美国《财富》杂志公布的"2017年全球财富500强"名单，中国企业上榜数量达到115家，仅次于美国。但是，排名靠前的制造业企业很少，而且中国制造业企业更多的是规模指标占优，在创新能力、品牌、商业模式、国际化程度等方面存在明显的短板和不足，从资产收益率、企业利润和人均利润等指标看，中国上榜制造业企业与欧美国家的世界500强企业还存在明显差距。中国还缺少真正的世界一流企业。另外，近些年来，出现了许多"僵尸企业"，其经营状况持续恶化，已不具有自生能力，但由于种种原因不能市场出清，主要依靠政府补贴、银行贷款、资本市场融资或借债而勉强维持运营。

三是制造业产品结构发展不平衡，高品质、个性化、高复杂性、高附加值的产品的供给不充分。总体上看，制造业产品档次偏低，标准水平和可靠性不高，高端产品品牌培育不够。2013—2017年国内产品质量国家监督抽查合格率分别为88.9%、92.3%、91.1%、91.6%、91.5%，与一般国外99%以上的合格率相比还有较大差距。中国出口商品已连续多年居于欧盟、美国通报召回之首。根据世界品牌实验室公布的"2016 年世界品牌 500 强"名单，中国入选品牌 36 个，仅占 7.2%，而美国则占据其中的 227 席。全球知名品牌咨询公司 Interbrand 发布的 2016 年度"全球最具价值 100 大品牌"排行榜中中国制造业产品品牌只占有 2 席。

从国际竞争角度看，未来中国制造业发展也面临着"双端挤压"格局。自产业革命开拓机器大生产开始，国际分工经历了工业制成品与农矿业的传统产业间分工、工业内部各产业各产品部门的产业内分工，发展到同一产品不同价值链增值环节的产品内分工。20 世纪 90 年代以后，由于产品模块化程度的提升和生产过程可分性增强，以及信息技术、交通技术等"空间压缩"技术带来的交易效率提高和交易成本的下降，因而基于价值链不同工序、环节的产品内分工获得极大的发展，全球价值链分工成为一种主导的国际分工形式。从分工角度看，后发国家的制造业转型与发展的关键是要解决如何实现从全球价值链低端向中高端攀升的问题。改革开放以来，中国制造业抓住了全球化带来的机遇，积极融入全球分工体系，逐步推进了自给自足的封闭经济向利用国内外两个市场、国内外两种资源的开放经济转变。近些年中国制造业呈现出在全球价值链中从低端向中高端攀升的趋势。但是，未来中国向全球价值链高端攀升过程中面临着发达国家的高端挤压和新兴经济体低端挤出的"双端挤压"格局。

一方面，国际金融危机以后，发达国家反思了"制造业空心化"产生的问题，纷纷推进了"再工业化"战略，推出了以制造业信息化和制造业服务化为核心的各类制造业发展战略和规划，如美国提出"先进制造业国家战略计划"、德国提出"工业 4.0"，试图在"第三次工业革命"中牢牢占据制造业高端，对中国制造业形成高压态势。同时，发达国家加速构建新一轮全球贸易、投资秩序新格局，通过积极推进 TPP（跨太平洋伙伴关系协定）、TTIP（跨大西洋贸易与投资伙伴协议），组织创建超越 WTO 规范的全面性经贸自由化网络，这将成为制约中国制造业融入新的贸易、投资秩序的重大障碍，对中国产品向 TPP 成员国出口造成威胁，对中国在全球制造业竞争体系中的比较成本优势形成冲击。尤其是中美贸易摩擦背景下，美国不仅对中国产品增加关税，极大地提高了中国制造的成本，更为关键的是，中国将面临美国对中国进行技术封锁的巨大压力，这对未来中国制造技术创新的战略、创新生态培育都会带来极大的变数。

另一方面，新兴经济体快速崛起，发展中经济体如东盟、印度等将以更加低廉的成本优势实现对中国制造的替代。例如，泰国的制造业劳动生产率与中国大致相当，但人均工资水平却显著低于中国；而越南、印度和印度尼西亚的制造业劳动生产率和平均工资均低于中国。随着这些国家的经济发展，其制造业区位吸引力会快速提升，对中国引资的替代效应将逐渐增强。因此，未来中国制造业在攀升全球价值链过程中必须突破高端被发达经济体封杀、低端被新兴国家阻击的"夹击"格局。

改革开放 40 年来，中国制造业发展取得了辉煌的成就，已经成为世界第一制造大国，但是未来中国从制造大国向制造强国转型之路并不平坦，充满了挑战和风险。认清自我、把握机遇、迎接挑战、寻求突破，是中国制造业发展的必然选择。

# 第 二 章

# 40 年的工业化进程

制造业发展是工业化战略的核心，理解中国制造业必须将其置于中国工业化进程这个大的坐标中去分析。中华人民共和国成立以来，中国共产党领导中国人民积极探索自己的工业化道路，先后提出了工业化、"四个现代化"、新型工业化、"四化同步"等既相互联系又有区别的发展战略。尤其是改革开放以来，在中国特色社会主义理论指导下，中国推动了快速的工业化进程，创造了人类工业化史的奇迹，利用不到 40 年的时间使中国这个十几亿人口的大国从工业化初期步入工业化后期，在一个积贫积弱的大国基础上总体建成了小康社会。成为一个工业化国家，是中华民族实现伟大复兴的一个重要标志，实现工业化是"中国梦"一个重要经济内涵。

## ◇ 一 中国工业化的水平

无论是在学界，还是在政府以及其他社会各界，虽然工业化概念被广泛地使用，但是工业化内涵往往被错误理解为工业的发展水平。实际上从传统意义上看，工业化一般应该被理解为工业驱动的一个国家或地区人均收入的提高和经济结构高级化的经济发展和经济现代化过程，一个国家工业化阶段所描述的是其经济发展和经济现代化水平。[1] 从发展经济学看，工业化实质是国民经济中一系列重要的生产要素组合方式连续发生由低级到高级的突破性变化，进而推动经济增长的过程。[2] 也正是这个原因，虽然现代发达国家的产业结构从数量比例看早已经是服务业主导，但仍被认为是工业化国家，而且当今世界又处于新一轮工业革命过程中。从现代化视角看，工业化可以认为就是经济现代化。对于现代化一个比较普遍的解释就是，人类社会从传统社会向现代社会转变的历史过程，而社会变迁的动力是经济增长和结构变革，这也就是工业化。这意味着现代化的实质就是由工业化驱动的现代社会变迁的过程，那么，从时间进程看，工业化是先于或者至少与现代化同步实现。因此，中国要建设富强民主文明和谐美丽的现代化强国，就需要积极推进工业化进程，实现工业化，构建现代化的动力机制。党的十八大提出到 2020 年全面建成小康社会的现代化战略目标时，就把基本实现工业化作为全面建成小康社会的经济建设的重要标准。党的十九大指出从现在到 2020 年是全面建成小康社会的决胜期，这也就意味着，基本实现工业化也就成为今后三年经济建设决胜的关键要求。那么，中国工业化现阶段处于什么水平，到

---

[1] 因此，对于一个国家而言，即使一些工业行业或者工业产品发展水平不高，也并不意味着这个国家不可以实现工业化。对应到中美贸易摩擦讨论的一个热点，那种认为因为中国不掌握芯片的关键技术就不敢奢谈实现工业化的观点，无疑是对工业化的片面理解。这一方面因为工业化更多反映的是整体经济发展水平，不能单纯以某些关键技术的掌握与否判断工业化水平，另一方面因为在当今全球分工的前提下，并不是所有的工业化国家都需要掌握所有的工业技术，哪怕是关键技术。

[2] 张培刚：《农业与工业化（上卷）——农业国工业化问题初探》，华中工学院出版社 1984 年版，第 82 页。

2020 年能否基本实现工业化呢?

按照工业化理论,可以把工业化进程划分为前工业化、初期、中期、后期和后工业化阶段。在 2005 年,我们利用人均 GDP、三次产业产值比例、制造业增加值占总商品增加值比例、人口城镇化率、第一产业就业占总体就业比重五个指标并赋予不同权重,取工业化国家这五个指标在不同工业化阶段的经验数值范围作为标准值,构造了工业化水平综合指数(见表 2—1)。对应工业化的前工业化、初期、中期、后期和后工业化阶段,该指数分别取值为 0、1—33、34—66、67—100 和大于 100。

表 2—1                 工业化不同阶段的标志值

| 基本指标 | 前工业化阶段 (1) | 工业化实现阶段 | | | 后工业化阶段 (5) |
| --- | --- | --- | --- | --- | --- |
| | | 工业化初期 (2) | 工业化中期 (3) | 工业化后期 (4) | |
| 人均 GDP(2010 年美元) (经济发展水平) | 827—1654 | 1654—3308 | 3308—6615 | 6615—12398 | 12398 以上 |
| 三次产业增加值结构(产业结构,其中 A 代表一次产业、I 代表二次产业、S 代表三次产业) | A > I | A > 20%, 且 A < I | A < 20%, I > S | A < 10%, I > S | A < 10%, I < S |
| 制造业增加值占总商品增加值比重(工业结构) | 20% 以下 | 20%—40% | 40%—50% | 50%—60% | 60% 以上 |
| 人口城镇化率(空间结构) | 30% 以下 | 30%—50% | 50%—60% | 60%—75% | 75% 以上 |
| 第一产业就业人员占比(就业结构) | 60% 以上 | 45%—60% | 30%—45% | 10%—30% | 10% 以下 |

资料来源:陈佳贵、黄群慧、钟宏武:《中国地区工业化进程的综合评价和特征分析》,《经济研究》2006 年第 6 期。本表人均 GDP 标准是按照 2010 年美元计算的,根据美国经济研究局网站数据获得的 GDP 折算系数进行了计算。

我们利用工业化水平综合指数最新测算表明，在经历了"十一五"时期的快速增长后，2010 年中国工业化水平指数为 66，处于工业化中期的后半阶段，即将步入工业化后期。2011 年以后中国工业化水平就进入工业化后期。虽然整个"十二五"时期中国经济逐步进入增速放缓、结构趋优的经济新常态，到 2015 年，中国的工业化水平指数达到 84，快速推进到工业化后期的后半阶段（见表 2—2）。这意味着中国离基本实现工业化已经很近，而且我们从来没有离实现工业化如此之近。①

表 2—2　　　　　　　　　2015 年中国工业化水平指数

| 阶段 | | 全国 | 四大板块 | 九大区域 | 31 省市区 |
|---|---|---|---|---|---|
| 后工业化阶段（五） | | | | | 北京、上海、天津 |
| 工业化后期（四） | 后半阶段 | 全国（84） | 东部（95） | 长三角（98）、珠三角（96）、京津冀（93）、环渤海（92）、长江经济带（85） | 浙江（97）、江苏（96）、广东（96）、辽宁（91）、福建（91）、重庆（88）、山东（88） |
| | 前半阶段 | | 东北（76）中部（71） | 东三省（76）中部六省（71） | 湖北（76）、内蒙古（75）、吉林（75）、河北（70）、江西（70）、湖南（70）、陕西（69）、安徽（69）、河南（66） |
| 工业化中期（三） | 后半阶段 | | 西部（58） | 大西北（58）大西南（58） | 四川（64）、青海（62）、宁夏（58）、广西（58）、山西（57）、黑龙江（53） |
| | 前半阶段 | | | | 西藏（47）、新疆（44）、甘肃（43）、海南（42）、云南（41）、贵州（39） |

---

① 黄群慧、李芳芳等：《中国工业化进程报告（1995～2015）》，社会科学文献出版社 2017 年版，第 47 页。

续表

| 阶段 | | 全国 | 四大板块 | 九大区域 | 31 省市区 |
|---|---|---|---|---|---|
| 工业化初 | 后半阶段 | | | | |
| 期（二） | 前半阶段 | | | | |
| 前工业化阶段（一） | | | | | |

注：括号中的数字为相应的工业化综合指数。

资料来源：黄群慧、李芳芳等：《中国工业化进程报告（1995～2015）》，社会科学文献出版社 2017 年版，第 47 页。

我们可以进一步对 2020 年的工业化水平进行粗略估计。（1）从总体工业化水平指数看，如果我们根据"十二五"时期工业化速度推测，假定"十三五"期间中国能够保持"十二五"时期工业化速度，到 2020 年工业化水平综合指数将超越 100。但是考虑到工业化后期工业化进程逐步放缓的趋势，只要"十三五"时期工业化速度不大幅低于"十二五"时期（不低于 60%），到 2020 年工业化水平综合指数也会大于 95，大体接近 100。另外，如果采用计算出 1990—2015 年中国历年的工业化综合指数，我们将这一时间序列利用 Matlab 软件进行"S"形轨迹的拟合，结果在 2025 年前后工业化水平综合指数达到最大值 100。（2）从工业化进程的具体衡量指标看，到 2020 年，中国人均 GDP 将超过 1.2 万美元，服务业比重达到 55% 以上，制造业增加值占商品增加值比例 60% 左右，城镇化率超过 60%，三次产业结构非农产业就业占比超过 80%。人均 GDP 指标和三次产业产值结构指标已经落到了后工业化阶段标准值范围中；制造业增加值在 2010 年已经超过了 60%，达到后工业化后期的阶段，近年有下降趋势，大体应该能够稳定在工业化后期阶段标准值范围中；城镇化率和三次产业结构中非农产业占比指标值则属于工业化后期的标准值范围。（3）从具体省级区域看，到 2015 年，上海、北京和天津都已经步入后工业化阶段，浙江、江苏、广东、福建等东部地区的工业化水平综合指数也已经大于 90，预计到 2020 年，绝大多数东部省份和部分中部省份会步入后工业化阶段，大多数中部省份会步入工业化后期后半阶段，而一半左右的西部省份将步入工业化后期的前半阶段。因此，综合上述三方面的分析，对于中国这个预计 2020 年人口将达到 14.2 亿的大国而言，中国工业化水平综合指数大体接近 100，人均 GDP 和三次产业产值比例这两个关键指标达到后工业化阶段标准，可以认为中国已经基本实现了工业化，完成了党的十八大提出的基本实现工业化总体目标。但是，由于中国工业化进程的不平衡性，人口城镇化率相对于工业化国家还较低，一些中西部省份工业化水平还较落后，到 2020 年，中国还没有全面实现工业化，还不是一个真正意义的完全的工业化国家。这意味着，2020 年中国基本实现工业化后，还面临着继续深化工业化进程、推进全面实现工业化的重大任务。

如果到 2035 年，再经过 15 年左右工业化进程的深化，不仅工业化水平综合指数肯定超过 100，而且各个单项指标都会有更大的进展。综合现有的各家机构预测，在 2035 年前后，中国 GDP 总量将超过美国成为世界第一，人口城镇化率也将超过 70%，服务业增加值占比超过 65%，非农就业占比达到 90%。按这些指标看，中国大致会处于后工业化阶段。从各个省级区域看，绝大多数省份都会步入后工业化阶段。而且，基于《中国制造 2025》规划，在 2025 年中国将步入世界制造强国行列，2035 年将达到世界制造强国的中等水平，这也意味着 2035 年前后中国一定是一个工业化国家。因此，如果不出现大的曲折，中国将在 2035 年前后全面实现工业化，进入工业化国家行列。

从工业化史看，经过 200 多年的发展，世界上也只有约 10 亿人实现了工业化，而中国的工业化是一个具有超过 13 亿人口的大国的工业化，因此，中国的工业化进程对整个人类的工业化进程具有"颠覆性"的作用，中国是否实现了工业化，不仅仅事关一个国家能否繁荣富强，还决定着整个人类的现代化进程，中国的工业化进程将改写人类历史。中国工业化对世界工业化进程的贡献还不仅如此。2013 年 9 月和 10 月由中国国家主席习近平分别提出建设"新丝绸之路经济带"和"21 世纪海上丝绸之路"的"一带一路"倡议。通过"一带一路"建设，中国将与"一带一路"沿线国家通过政策沟通、设施联通、贸易畅通、资金融通、民心相通的"互通互联"，通过工业产能合作以及其他各个方面的更广、更深层次的区域经济合作，促进"一带一路"沿线国家产业升级、经济发展和工业化水平的进一步提升，这对世界工业化进程的推进意义是十分巨大的。

## ◇ 二　中国工业化的特征

从工业化史看，各个国家的工业化进程是有其共性的，但也因为资源禀赋、时代变化等国情与世情的不同而有着自己独特之处。改革开放 40 年，中国的工业化进程可以概括为以下几方面特征。[①]

第一，中国的工业化是一个具有十几亿人口大国的工业化，中国的人口超过了所有工业化国家和地区人口的总和。

---

① 黄群慧、郭朝先等：《可持续工业化与创新驱动》，社会科学文献出版社 2017 年版，第 13—27 页；黄群慧：《中国工业化进程：阶段、特征与前景》，《经济与管理》2013 年第 7 期。

根据世界银行的数据，迄今为止约有 35 个国家和地区达到了人均 GDP 约 1 万美元（2000 年不变价美元）以上，也就是说，如果简单按照人均 GDP 指标来判断一个国家和地区是否实现了工业化，那么世界上约有 35 个国家和地区实现了工业化。<sup>①</sup> 其中，卢森堡、挪威、日本、美国、冰岛、瑞典、瑞士、丹麦、英国、芬兰、奥地利、荷兰、加拿大、德国、比利时、法国、澳大利亚、巴哈马群岛等国家和地区早在 1970 年以前就实现了工业化；以色列、意大利、中国香港、爱尔兰、新加坡、中国台湾、中国澳门、西班牙、塞浦路斯、韩国、希腊、安提瓜和巴布达、葡萄牙等国家和地区则是在 20 世纪末（20 世纪 70—90 年代）先后实现了工业化；进入 21 世纪后，斯洛文尼亚、马耳他、特立尼达和多巴哥、阿根廷等先后达到了工业化国家人均 GDP 标准。这 35 个国家和地区的人口总和约为 10.3 亿人，而 2017 年中国大陆的人口就达到了约 13.9 亿人。从工业化史看，经过 200 多年的发展，世界上也只有约 10 亿人实现了工业化，而中国的工业化则是一个具有 13 亿人口大国的工业化，因此，中国的工业化进程对整个人类的工业化进程具有"颠覆性"的作用，中国是否实现了工业化，不仅仅事关一个国家能否繁荣富强，还决定着整个人类的现代化进程，中国的工业化进程将改写人类历史。

第二，中国的工业化是一个长期、快速推进的工业化，世界上还很少有国家能够长期保持如此高的工业化速度。

改革开放 40 年带来了翻天覆地的革命性巨变。2016 年中国经济总量是 1978 年的 32 倍，1978—2016 年中国年均经济增速达到了 9.6%，人均国内生产总值的平均增速达到 8.5%。而 2016 年第二产

---

① 一些中东国家，仅仅依靠石油出口而使得人均 GDP 超过 1 万美元，这里没有将其列为工业化国家。

业生产总值则是 1978 年的 50 倍，1978—2016 年第二产业增加值平均增速更是高达 10.9%。从国际比较看，后发经济体追赶过程中会出现相当长一段时间的经济高速增长，这段时间一般持续 20 多年。第二次世界大战后，经济增长率超过 7%、持续增长 25 年以上的经济体除中国大陆以外还有博茨瓦纳、巴西、中国香港、印度尼西亚、日本、韩国、马来西亚、马耳他、阿曼、新加坡、中国台湾和泰国 12 个。其中，日本 1951—1971 年平均经济增速为 9.2%，中国台湾地区 1975—1995 年的平均经济增速为 8.3%，韩国 1977—1997 年平均经济增速为 7.6%。从现在看，只有中国把如此高的经济增速持续了 40 年，虽然我们无法确定这个伟大的经济增长奇迹是否会"后无来者"，但可以确信是"前无古人"的。

第三，中国的工业化是一个发展不平衡不充分的工业化，表现为产业结构失衡和区域工业化水平差异巨大。

在认识到中国工业化取得巨大成就的同时，我们必须看到相对于人民日益增长的对美好生活的需要，中国工业化进程还存在发展不平衡和不充分的问题。具体而言，这至少表现为以下几个方面。一是工业化进程的区域发展不平衡，一些区域的工业化水平不充分。由于梯度发展战略，以及各个区域资源禀赋、工业发展基础差异等原因，中国的工业化进程在不同地区发展极不平衡，总体上呈现出东部、中部和西部逐步降低的梯度差距。到 2015 年，上海、北京、天津已经步入后工业化阶段，其他大部分东部省份处于工业化后期，而大部分中西部省份基本还处于工业化中期。二是产业发展的结构不平衡，创新能力和高端产业发展不充分。由于长期的低成本出口导向工业化战略主导，中国自主创新能力还有待提升，这造成中国产业结构高端化水平不够。一方面，钢铁、石化、建材等行业的低水平产能过剩问题突出并长期存在，存在大量的"僵尸企业"；另一方面，高端产业发展不够和产业价值链高端环节占有不足，关键装备、核心零部件和基础软件等严重依赖进口和外资企业。三是实体经济与虚拟经济发展不平衡，高质量实体经济供给不充分。随着中国工业化步入后期阶段，近些年中国经济开始呈现"脱实向虚"的倾向，实体经济在国民经济占比日益降低，2011—2016 年作为实体经济核心的制造业增加值占GDP 比例下降了将近两个百分点，而同期金融业增加值占 GDP 比例迅速提高了 2.1 个百分点。2015 年和 2016 年金融业增加值占 GDP 比例连续两年都达到 8.4%，这已经超过了美国金融危机时的历史最高点。实体经济不仅增速下降，而且整体供给质量也亟待提升。四是工业化速度与资源环境承载力不平衡，绿色经济发展不充分。中国这个13 亿多人口的国家的快速工业化进程，给资源环境的承载力提出了极大挑战。虽然中国一直倡导实施环境友好型的新型工业化道路，但客观上资源环境还是难以承受如此快速的大国工业化进程，环境污染问题比较突出，资源约束日趋紧张。为了解决工业化带来的环境资源问题，大力发展绿色经济是必然的选择。绿色经济的本质是生态环境与经济发展相协调的可持续发展经济，强调从社会及其生态条件出发，将环保技术、清洁生产工艺等众多有益于环境的技术转化为生产力，是一种环境可承受的经济发展模式。中国在绿色经济发展方面，无论是技术水平还是产业规模，都还有很大的发展空间。

第四，中国工业化是外向型工业化，不仅得益于上一轮全球化背景，在"一带一路"倡议的号召下，中国工业化进程对未来全球化的影响日益深远。①

---

① 黄群慧：《中国工业化进程及其对全球化的影响》，《中国工业经济》2017 年第6 期。

中国的工业化是一个低成本的出口导向的工业化，几乎在世界的每个角落都能够找到价廉物美的中国制造产品。出口导向和进口替代是后发国家实现工业化过程中常采用的两种发展战略，各有不同的优缺点。由于进口替代发展战略在中国实施时产生了许多弊端，以及日本和亚洲"四小龙"运用出口导向发展战略获得成功的示范作用，中国逐渐从进口替代转向了出口导向发展战略。长期以来，中国的劳动力成本一直比较低，中国环境污染是低付费的，依靠引进为主的技术进步也是低成本的，人民币币值是低估的，这构成了中国低成本比较优势，成为企业竞争力的主要源泉，也是中国可以实施出口替代战略的基础。低成本出口导向战略在中国的实施，现在看来虽然也产生了许多不可轻视的负面效应，例如对国内资源破坏严重、压制了劳动者福利水平的提高、引发了大量的贸易摩擦、削弱了国内消费的扩张等，但是中国低成本出口导向工业化战略成绩斐然，为中国经济保持长期稳定的增长做出了巨大贡献，同时也为世界的经济发展做出了贡献。

随着中国工业化进程逐步推进，已经步入工业化后期的中国工业化对全球化的贡献将不仅仅主要停留在基于中低价值链环节的全球分工格局下的低成本产品出口，而是将会表现为资本、技术和劳动力等生产要素的全面的国际流动，也就是"一带一路"倡议下的国际合作。

工业产能合作是中国工业化发展到后期阶段的新的合作方式，会对推进全球化进程产生新的巨大影响。所谓产能合作可以理解为在两个或者多个存在意愿和需要的国家或地区之间进行产能资源跨国或者跨地区配置的活动。产能合作的合作机制一般表现为在政府达成"互联互通"、多边合作共识国际规则的前提下，借助多边投资机制，基于产业互补性推进的企业和项目合作。从现有的中国与"一带一路"沿线国家合作的案例看，合作项目多是具有基础设施投资性质的、对民生有巨大贡献的重大战略性意义的工程。

从工业化视角看，"一带一路"倡议的推出，表明一个和平崛起的大国的工业化进程正在产生更大的"外溢"效应。基于最初倡议，"一带一路"沿线国家至少涉及包括东南亚、中亚、中东欧等地区的65个国家（包括中国在内），覆盖约44亿人口，经济总量约21万亿美元，人口和经济总量分别占全球的63%和29%。"一带一路"发端于中国，贯通中亚、东南亚、南亚、西亚乃至欧洲部分区域，东牵亚太经济圈，西系欧洲经济圈，这是世界上跨度最长的经济大走廊，也是世界上最具发展潜力的经济合作带。我们研究表明，"一带一路"沿线65个国家之间工业化水平差距较大，处于前工业化时期的国家有1个，处于工业化初期阶段的国家有14个，处于工业化中期阶段的国家有16个，处于工业化后期阶段的国家有32个，而处于后工业化时期的国家只有2个。有14个国家的工业化水平高于中国，有44个国家的工业化水平低于中国。中国在"一带一路"沿线国家中工业化水平处于上游的位置。[1] 因此，中国的工业化经验将对大多数"一带一路"沿线国家具有借鉴意义。"一带一路"沿线国家处于不同的工业化阶段，具有不同的经济发展水平，并形成了不同的优势产业类型。而这些产业也形成了三种不同的梯度，即技术密集与高附加值产业（工业化后期国家）、资本密集型产业（工业化中期国家）、劳动密集型产业（工业化初期国家）。这就决定了中国与这些国家的产业合作空间巨大。通过产能合作，中国将会促进"一带一路"

---

① 黄群慧等：《"一带一路"沿线国家工业化进程报告》，社会科学文献出版社2015年版，第14—15页。

沿线国家产业升级、经济发展和工业化水平的进一步提升，这对世界工业化进程的推进意义重大。如果说，长期以来，中国在参与全球化进程中主要表现为以提供价廉物美的中国制造产品为主，那么，在"一带一路"合作框架下，中国也将给全球化带来合作方所需要的一体化的服务方案。这意味着中国对全球化的影响更为深远。

第五，中国实现的工业化是中国特色的新型工业化，是符合"四化"同步发展要求的、与信息化深度融合的工业化。

无论是到2020年中国基本实现工业化，还是到2030年中国全面实现工业化，我们需要明确的是，中国所实现的工业化，并不是传统意义上的工业化，而是信息化时代以信息化引导工业化、信息化与工业化深度融合的新型工业化道路下的工业化。中国的工业化道路既要符合中国工业化阶段的国情，又要适应发达国家"再工业化"的世界工业化趋势。与老牌工业化国家的发展环境不同，中国的快速工业化进程与世界信息化趋势叠加。党的十六大就提出，中国要走区别于传统工业化道路的新的工业化道路。所谓新型工业化道路就是坚持以信息化带动工业化，以工业化促进信息化，具有科技含量高、经济效益好、资源消耗低、环境污染少、人力资源优势能充分发挥的特征。党的十八大提出要推进新型工业化、城镇化、信息化和农业现代化"四化同步"发展。党的十九大在对中国经济从高速增长转向高质量发展阶段做出重大判断的基础上，进一步强调"四化同步"发展。从世界工业化发展趋势看，美国国际金融危机后，发达国家更加关注以重振制造业和大力发展实体经济为核心的"再工业化"战略。"再工业化"战略不是简单地提高制造业产值比例，而是通过现代信息技术与制造业融合、制造与服务的融合来提升复杂产品的制造能力以及制造业快速满足消费者个性化需求能力。在政府的大力推动下，制造业信息化和制造业服务化成为世界工业化进程的两个重要趋势。《中国制造 2025》的提出，也正是中国响应这种世界工业化发展趋势而制定的一项深化工业化进程的战略。

### ◇◇ 三 中国工业化的经验

从哲学层面看，中国工业化基本经验在于遵循了一个共性和个性相统一的基本原理，具体就是基本遵循了一个大国工业化进程的基本共性规律，但是又尊重了自己的独特国情背景。改革开放以来中国工业化进程的国情背景主要体现为一定工业基础、巨大国内市场、"无限供给"的低成本劳动力、相对稳定的环境、后发优势等，构成了中国产业发展和推进工业化进程的"国情背景优势"。但这种"国情背景优势"并不必然导致成功的工业化进程，还需要基于工业化的共性规律制定科学的工业化战略和产业发展政策。这些战略要点和产业发展政策体系也就构成了中国工业化的重要经验。[①]

一是正确处理改革发展与稳定的关系，"稳中求进"保证产业持续成长和工业化进程持续深化。一个大国从发展中国家向发达国家发展的现代化进程，工业化是必由之路。工业化进程一旦开始，要保证这个过程不会由于战争、危机或社会动荡等各种原因被中断，这个国家或者地区才可能保证产业不断发展、产业结构不断高级化。历史上因危机或者战乱而中断现代化进程的国家并不鲜见，这也是为什么世

① 黄群慧：《改革开放 40 年中国产业发展与工业化进程》，《中国工业经济》2018 年第 9 期。

界工业化史已经 200 多年，但真正实现工业化的也只有 30 多个国家和地区的一个重要原因。因此，社会政治环境的稳定是产业持续发展和工业化进程持续推进的基本前提要求。中华人民共和国成立以后，中国一度曾由于"文化大革命"而使得中国的工业化进程中断。改革开放以来，虽然也遇到了这样那样的问题与挑战，但总体上保持了"渐进式"改革，始终坚持以"经济建设为中心"的指导思想，以"稳中求进"为经济改革发展工作的总基调，努力构建和谐稳定的发展环境，在保证经济运行的稳定性基础上，不断深化改革和结构调整，促进中国产业持续成长和不断深化工业化进程。当前已经处于工业化后期阶段，需要继续推进产业发展建设工业强国，而各种发展不平衡不充分问题比较突出，如区域发展差距、城乡差距和社会分配不公、贫富差距过大、经济"脱实向虚"、环境和资源制约等，出现危机和冲突的可能性进一步提升，这需要进一步处理好改革、发展与稳定的关系，坚持"稳中求进"工作总基调，更加强调社会经济的协调可持续发展。

二是正确处理市场和政府的关系，不断提高产业效率，促进产业向高端化。工业化是一系列基要生产函数（或者生产要素组合方式）由低级向高级的突破性变化或变革过程，这实质上是一个不断技术创新的过程，工业进程深化的核心表现为通过技术创新实现产业效率的不断提升和产业结构的持续高级化。而"创新驱动"的关键是必须正确处理市场和政府的关系，努力使市场在资源配置中起决定性作用，同时还要更好地发挥政府作用。迄今为止的中国产业发展和工业化进程的成功推进，在很大程度上得益于中国基于工业化发展阶段，把握产业升级的方向，不断提出合意的产业政策，实现产业政策与竞争政策有效协调，随着工业化发展阶段对产业政策内容、实施方式进行动态调整，有效地促进了技术进步、提高了产业效率并促进了产业结构高级化。从产业高端化和工业化深化的方向看，中国所实现的工业化，并不是传统意义上的工业化，而是信息化时代以信息化引导工业化、信息化与工业化深度融合的新型工业化道路下的工业化。中国的工业化道路既要符合中国工业化阶段的国情，又要适应发达国家"再工业化"的世界工业化趋势——通过现代信息技术与制造业融合、制造与服务的融合来提升复杂产品的制造能力以及制造业快速满足消费者个性化需求能力。《中国制造2025》的提出，也正是中国响应这种世界工业化发展趋势而制定的一项深化工业化进程的战略。

三是正确处理中央政府与地方政府的关系，促进产业合理布局和区域协调发展。中国幅员辽阔、人口众多，各地的资源禀赋、经济条件、文化习惯等差异性较大。因此，一个大国的产业发展与工业化进程，在正确处理好政府和市场的关系前提下，还要处理好中央政府与地方政府的关系，这是保证产业合理布局和区域协调发展的必然要求。一方面，中央政府要制定整体区域协调战略并保证有效实施。中国经济发展的区域差距很大，长期以来形成了东中西三大区域梯度发展的格局。近年来，为了促进区域协调发展，持续推进了西部大开发、中部崛起、京津冀协同发展、推进长江经济带发展、东北老工业基地振兴等重大区域发展战略。中央政府要通过战略实施和体制机制设计，协调各区域产业生产要素配置，促进产业生产要素跨区域的有效合理流动，化解产业资源配置在地区间不平衡、不协调的结构性矛盾，提高产业生产要素空间上的配置效率，拓展产业发展空间。另一方面，还要充分发挥地方政府的积极性和创造性。中国产业发展非常重视地方政府的创新精神，鼓励地方政府探索科学的区域工业化模式。伴随着经济体制改革的深入，中国各地方经济发展的积极性和创造性被调动起来，各个地区结合自己的具体情况，创造出许多不同的经济发展模式。中国曾产生了一些具有鲜明地区特点和时代特征的经济发展模式，例如"珠江三角洲模式""苏南模式""温州模式"等，这些模式在启动条件、发动主体、资本形成方面都是不同的，但都促进了当地的工业化进程，成为工业化水平较高的工业化地区，进而对全国的工业化进程起到了巨大的带动作用。在各地推进自己的工业化进程中，工业园区发挥了重要作用，工业园区是现代化产业分工协作生产区，包括经济技术开发区、高新技术产业开发区、保税区、出口加工区等。工业园区能通过政策引导聚集生产要素、提高集约水平、突出产业特色、优化产业布局，对转变经济发展方式、推进工业化具有重要意义。

四是正确处理市场化与工业化的关系，培育全面持续的产业发展动力机制。中国基于自己社会主义计划体制的基本国情，经过多年理论探索，形成了中国特色社会主义市场经济理论体系，坚持毫不动摇地巩固和发展公有制经济，坚持毫不动摇地鼓励、支持和引导非公有制经济的发展。中国坚持市场化改革方向，为中国产业发展提供了多元的全面协调的动力机制。通过市场化改革的制度创新，培育了国内丰富、强大的动力源。这具体表现在市场化改革逐渐松开了传统计划体制对各种资源、要素、组织力量的束缚，激活了它们在旧体制下长期被压抑与控制的能量，不仅充分释放了非国有系统的资源、要素，而且全面调动了传统国有系统本身的存量资源和原有的组织制度资源。通过坚持"两个毫不动摇"培育了大量的市场主体，既包括通过深化国有企业改革将国有企业推向市场，也包括在市场中成长起来的大量个体民营企业以及通过开放引入的外资企业。公有制经济尤其是国有企业，在弥补市场缺陷、保障人民共同利益以及中国作为后发国家在一些重大战略领域实现赶超等方面具有优势，在事关国家发展重大战略和国计民生重大事业方面发挥了重要作用。而个体、私营和外资等非公有制经济在满足市场多层次多样化需求、提升供给质量和促进生产力平衡发展等方面具有独特优势，形成了中国产业发展多元混合动力优势，促进了中国产业快速发展。

五是正确处理全球化与工业化的关系，形成全面开放发展的现代化产业体系。通过 40 年的对外开放，从设立特区，到开放沿海 14 个城市，再到加入 WTO，在中国市场对外开放的同时，也逐渐吸引大量的外资，引进了大量的先进技术和管理知识，同时也利用了国外的市场资源，实现了大量的出口，这极大地促进了中国产业发展和工业化进程。当今世界的产业发展处于一个全球价值链主导的时代。自产业革命开拓机器大生产开始，国际分工经历了工业制成品与农矿业的传统产业间分工、工业内部各产业各产品部门的产业内分工，发展到同一产品不同价值链增值环节的产品内分工。20 世纪 90 年代以后，由于产品模块化程度的提升和生产过程可分性增强，以及信息技术、交通技术等"空间压缩"技术带来的交易效率提高和交易成本的下降，基于价值链不同工序、环节的产品内分工获得极大的发展，制造业全球价值链分工成为一种主导的国际分工形式。而且，随着技术革命的加速拓展、业态不断创新和产业日趋融合，尤其是新兴工业化国家不断努力突破在全球价值链中的"低端锁定"，全球价值链逐步呈现出多极化发展的新态势。因此，一个国家的产业发展，必须对外开放，融入这个全球价值链中。改革开放 40 年的经验表明，中国经济所取得的发展奇迹，十分得益于中国制造业的对外开放。到 2017 年,在制造业 31 个大类、179 个中类和 609 个小类中,完全对外资开放的已有 22 个大类、167 个中类和 585 个小类,分别占 71% 、93.3% 和 96.1% 。中国在对外开放过程中,加速了自身的市场化进程,培育了自身的全面发展动力,同时顺应制造业全球价值链的分工合作共赢趋势,为世界制造业发展和全球经济增长做出了巨大贡献。

六是正确处理城市化与工业化的关系,促进产业和人口集聚效率提升与社会民生协调发展。一个国家的经济现代化过程是工业化与城市化互动发展的过程。工业为城市化提供了经济基础,而城市化为工业化提供了优质要素和广阔的需求市场。从工业化与城市化历史演进互动关系看,在工业化初期,主要是工业化进程推动了城市化的进程,而到了工业化中后期,城市化进程的加快又牵引了工业化进程的推进。中国的工业化进程总体上符合上述工业化和城市化的演进规律,长期以来中国成功地推进了快速的工业化进程,但总体上城市化进程落后于工业化进程。在进入 21 世纪后,随着中国进入工业化中后期,城市化进程也不断加快,对工业化进程牵引需求作用明显。在处理工业化与城市化关系过程中,尤其是要注意两个方面的问题。其一是提高城市化质量,避免城市化与实体经济脱节,不能让房地产仅成为炒作对象,要让城市化进程真正发挥对实体经济转型升级的需求引导作用。其二是要不断提高服务业效率,促进服务业结构升级。城市化是服务业成长为经济运行中主导部门的必要条件,城市化人口集聚效应形成的需求密度经济,可以不依靠劳动生产率的提高而促进经济增长,但是,城市化并不必然促进服务业效率提升和结构升级,科学的城市化战略和高水平的城市管理对于促进服务业效率提升至关重要。当前中国医疗、教育、养老等事关社会民生的服务业质量和效率还都有待提升，在一定程度上反映了中国城市化质量水平还不够高。而且，由于工业化后期产业结构升级和工业化进程深化需要高质量的生产性服务业发展支持，提高城市化质量、促进服务业效率提高和服务业结构升级还是深化工业化进程的必然要求。

# 第 三 章

# 中国制造的发展状况

虽然改革开放 40 年在历史长河中并不是很长的时间，但中国制造业却经历了"沧海桑田"般的巨变。这不仅体现在成长为世界第一制造大国的总量的变化，还体现为结构的快速演变。从产业结构看，中国制造业经历了从劳动密集型向资金密集型进而向技术密集型转型升级的产业演进；从区域结构看，中国制造业改变了计划经济时期"三线建设"主导的格局，总体呈现东中西梯度布局特征；从所有制结构看，中国制造业从国有经济"一统天下"发展为国有、民营、外资"三分天下"；从产业组织形态看，中国制造业企业从总体规模偏小、数量偏少的欠发展状态转变为大型企业规模巨大、中小企业数量众多的蓬勃发展状态。

## ◇ 一 总体状况

按照国家统计局口径，到 2017 年中国工业增加值 279997 亿元，按可比价计算，比 1978 年增长 53 倍，年均增长 10.8%。2017 年工业企业资产总计达到 112 万亿元，较 1978 年增长 247 倍；实现利润总额

7.5 万亿元，较 1978 年增长 125 倍。伴随着工业的快速发展，工业中的制造业在世界中的份额持续扩大。1990 年中国制造业占全球的比重为 2.7%，居世界第九位；2000 年上升到 6.0%，位居世界第四；2007 年达到 13.2%，居世界第二；2010 年占比进一步提高到 19.8%，跃居世界第一，自此连续多年稳居世界第一。中国制造业出口占全球制造业出口的比重，从 1978 年的 3.28%，快速增长至 2017 年的 17.20%。[①]基于世界银行数据库，1978 年中国制造业增加值为 599.69 亿美元（现价美元），随后以 11.06% 的年均增速，持续增长至 2017 年的 35909.78 亿美元（现价美元），是 1978 年制造业规模的 59.88 倍。[②]

作为世界第一制造业大国，中国制造的产品产量巨大，表 3—1 所示为 2017 年中国制造业主要产品的产量及其增长速度（比上年增长），表中所列多数产品，诸如汽车、煤炭、粗钢、水泥等主要产品的产量已经是世界第一。

表 3—1　　　　　2017 年中国制造业主要产品的产量及其增长速度

| 产品名称 | 单 位 | 产 量 | 比上年增长（%） |
|---|---|---|---|
| 纱 | 万吨 | 4050.0 | 8.5 |
| 布 | 亿米 | 868.1 | -4.3 |
| 化学纤维 | 万吨 | 4919.6 | 0.7 |
| 成品糖 | 万吨 | 1470.6 | 1.9 |

① 《改革开放铸就工业辉煌　创新转型做强制造大国——改革开放 40 年经济社会发展成就系列报告之六》，2018 年 9 月 4 日，国家统计局网站（http://www.stats.gov.cn/ztjc/ztfx/ggkf40n/201809/t20180904_ 1620676.html）。

② 转引自中国社会科学院工业经济研究所《中国工业发展报告（2018）》，经济管理出版社 2018 年版，第 21 页。

续表

| 产品名称 | 单　位 | 产　量 | 比上年增长（%） |
|---|---|---|---|
| 卷　烟 | 亿支 | 23448.3 | −1.6 |
| 彩色电视机 | 万台 | 15932.6 | 1.0 |
| 其中：液晶电视机 | 万台 | 15755.9 | 0.3 |
| 家用电冰箱 | 万台 | 8548.4 | 0.8 |
| 房间空气调节器 | 万台 | 17861.5 | 24.5 |
| 一次能源生产总量 | 亿吨标准煤 | 35.9 | 3.6 |
| 原　煤 | 亿吨 | 35.2 | 3.3 |
| 原　油 | 万吨 | 19150.6 | −4.1 |
| 天然气 | 亿立方米 | 1480.3 | 8.2 |
| 发电量 | 亿千瓦小时 | 64951.4 | 5.9 |
| 其中：火电 | 亿千瓦小时 | 46627.4 | 5.1 |
| 水电 | 亿千瓦小时 | 11898.4 | 0.5 |
| 核电 | 亿千瓦小时 | 2480.7 | 16.3 |
| 粗　钢 | 万吨 | 83172.8 | 3.0 |
| 钢　材 | 万吨 | 104958.8 | 0.1 |
| 十种有色金属 | 万吨 | 5501.0 | 2.9 |
| 其中：精炼铜（电解铜） | 万吨 | 897.0 | 6.3 |
| 原铝（电解铝） | 万吨 | 3329.0 | 2.0 |
| 水　泥 | 亿吨 | 23.4 | −3.1 |
| 硫　酸（折100%） | 万吨 | 9212.9 | 0.9 |
| 烧　碱（折100%） | 万吨 | 3365.2 | 5.1 |
| 乙　烯 | 万吨 | 1821.8 | 2.3 |
| 化　肥（折100%） | 万吨 | 6184.3 | −6.7 |
| 发电机组（发电设备） | 万千瓦 | 11830.4 | −9.8 |
| 汽　车 | 万辆 | 2901.8 | 3.2 |
| 其中：基本型乘用车（轿车） | 万辆 | 1194.5 | −1.4 |
| 运动型多用途乘用车（SUV） | 万辆 | 1004.7 | 9.9 |

| 产品名称 | 单 位 | 产 量 | 比上年增长（%） |
|---|---|---|---|
| 大中型拖拉机 | 万台 | 41.8 | -32.4 |
| 集成电路 | 亿块 | 1564.6 | 18.7 |
| 程控交换机 | 万线 | 1240.8 | -14.9 |
| 移动通信手持机 | 万台 | 188982.4 | 2.2 |
| 微型计算机设备 | 万台 | 30678.4 | 5.8 |

资料来源：《中华人民共和国 2017 年国民经济和社会发展统计公报》，2018 年 2 月 28 日，国家统计局网站（http://www.stats.gov.cn/tjsj/zxfb/201802/t20180228_ 1585631.html）。

中国制造业的发展不仅体现在总量的变化上，劳动生产率也在不断提升，1978 年中国制造业劳动生产率仅为 2972.21 美元/人（现价美元），到 2017 年达到 24711.56 美元/人（现价美元），年均增速为 5.58%。从制造业创新看，改革开放以来，中国在高温超导、纳米材料、超级杂交水稻、高性能计算机等一些关键领域取得重要突破。近年来，又在载人航天、探月工程、量子科学、深海探测、超级计算、卫星导航等战略高技术领域取得重大原创性成果，C919 大型客机飞上蓝天，首艘国产航母下水，高铁、核电、特高压输变电等高端装备大步走向世界。2017 年中国发明专利申请量 138.2 万件，连续 7 年居世界首位；科技进步贡献率提高到 57.5%。[1] 1978 年中国单位制造业增加值的全球发明专利授权量为 0.58 项/亿美元（现价美元），到

---

[1] 《波澜壮阔四十载 民族复兴展新篇——改革开放 40 年经济社会发展成就系列报告之一》，2018 年 8 月 27 日，国家统计局网站（http://www.stats.gov.cn/ztjc/ztfx/ggkf40n/201808/t20180827_ 1619235.html）。

2017 年高速增长至 6.67 项/亿美元（现价美元），提升了 11.5 倍。[①]

　　中国制造业的整体发展状况，无论是从总量和种类指标上，还是从效益和质量指标上，与改革开放初期相比都有了天翻地覆的改变，但是，中国制造业的发展质量与世界制造强国相比，还是有较大差距，表 3—2 充分体现了这一点。总体而言，中国制造业发展状况"大而不强"的特征十分突出。

表 3—2　　2017 年中国与美国、日本、德国和韩国的制造业发展主要指标比较

| 制造业发展主要指标 | 中国 | 美国 | 日本 | 德国 | 韩国 |
|---|---|---|---|---|---|
| 制造业劳动生产率（美元/人，现价美元） | 24711.56 | 141676.53 | 78895.00 | 90796.81 | 83847.76 |
| 高技术产品贸易竞争优势指数 | 0.07 | 0.67 | 0.82 | 0.88 | 0.59 |
| 单位制造业增加值的全球发明专利授权量（项/亿美元，现价美元） | 6.67 | 15.08 | 12.96 | 6.02 | 5.99 |
| 制造业研发投入强度 | 1.98 | 2.58 | 3.36 | 3.05 | 3.67 |
| 制造业单位能源利用效率（美元/千克石油当量，现价美元） | 5.99 | 8.83 | 11.97 | 12.56 | 7.89 |

　　资料来源：中国社会科学院工业经济研究所：《中国工业发展报告（2018）》，经济管理出版社 2018 年版，第 24 页。

## ◇◇ 二　产业结构

　　中国制造业的产业结构演进总体符合产业高级化趋势，改革开放

---

　　[①]　中国社会科学院工业经济研究所：《中国工业发展报告（2018）》，经济管理出版社 2018 年版，第 22 页。

以后逐步经历劳动密集型主导向资金密集型主导、资金密集型主导向
技术密集型主导的转变过程。表3—3所示为制造业主要行业的资产
分布，从表中可以看出，在1993年，中国纺织业资产占比较大，能
够占到这些主要制造业行业资产的11%。但是到了2017年，纺织业
资产占比已经下降到3.26%，即使考虑到行业划分问题把纺织服装制
造业放进去，也下降了6个百分点左右。另外，诸如黑色金属冶炼及
压延加工业，皮革、毛皮、羽毛（绒）及其制品业，造纸及纸制品
业，化学纤维制造业等产业有明显的下降。而通信设备、计算机及其
他电子设备制造业的占比则有巨大的提升，从1993年的5%提高到
2017年的12.62%，占比提高了7.62个百分点，突出反映了中国制
造业产业结构中高技术密集型制造业快速上升的趋势。

表3—3　　　中国制造业主要行业资产分布（1993年和2017年比较）

| 行业 | 2017年 | | 1993年 | |
|---|---|---|---|---|
| | 资产（亿元） | 占比（%） | 资产（亿元） | 占比（%） |
| 食品制造业 | 15510.33 | 2.20 | 686.79 | 2 |
| 饮料制造业 | 17053.27 | 2.42 | 1053.17 | 3 |
| 烟草制品业 | 10520.73 | 1.49 | 757.12 | 2 |
| 纺织业 | 22912.49 | 3.26 | 3524.51 | 11 |
| 纺织服装、鞋、帽制造业 | 12823.52 | 1.82 | | |
| 皮革、毛皮、羽毛（绒）及其制品业 | 6978.99 | 0.99 | 493.71 | 2 |
| 木材加工及木、竹、藤、棕、草制品业 | 6059.18 | 0.86 | 283.65 | 1 |
| 家具制造业 | 5737.45 | 0.82 | 148.80 | 0 |
| 造纸及纸制品业 | 14636.83 | 2.08 | 811.10 | 3 |
| 印刷业和记录媒介的复制 | 5890.54 | 0.84 | 368.78 | 1 |
| 文教体育用品制造业 | 8826.02 | 1.25 | 196.32 | 1 |

续表

| 行业 | 2017 年 | | 1993 年 | |
|---|---|---|---|---|
| | 资产（亿元） | 占比（%） | 资产（亿元） | 占比（%） |
| 石油加工、炼焦及核燃料加工业 | 28254.80 | 4.01 | 1006.12 | 3 |
| 化学原料及化学制品制造业 | 76461.87 | 10.86 | 3020.90 | 10 |
| 医药制造业 | 30779.92 | 4.37 | 843.97 | 3 |
| 化学纤维制造业 | 7473.53 | 1.06 | 736.89 | 2 |
| 非金属矿物制品业 | 51694.49 | 7.35 | 2541.13 | 8 |
| 黑色金属冶炼及压延加工业 | 64252.12 | 9.13 | 4209.98 | 14 |
| 有色金属冶炼及压延加工业 | 40798.54 | 5.80 | 1015.29 | 3 |
| 金属制品业 | 26898.52 | 3.82 | 1140.54 | 4 |
| 通用设备制造业 | 42431.84 | 6.03 | 2335.74 | 8 |
| 专用设备制造业 | 39826.82 | 5.66 | 1742.93 | 6 |
| 电气机械及器材制造业 | 66878.24 | 9.50 | 1867.57 | 6 |
| 通信设备、计算机及其他电子设备制造业 | 88837.09 | 12.62 | 1550.60 | 5 |
| 仪器仪表及文化、办公用机械制造业 | 9846.22 | 1.40 | 487.89 | 2 |
| 废弃资源和废旧材料回收加工业 | 2382.06 | 0.34 | | |
| 资产合计 | 703765.41 | 100.00 | 30823.50 | 100 |

资料来源：根据国家统计局数据库计算。

表3—3 也反映了中国制造业资产的主要产业分布，制造业资产主要分布在通信设备、计算机及其他电子设备制造业，化学原料及化学制品制造业，电气机械及器材制造业，黑色金属冶炼及压延加工业，非金属矿物制品业，通用设备制造业等，这些行业占据了制造业主要行业资产的一半以上。这种分布在一定程度上反映了中国的制造业还正处于从资金密集产业向技术密集型产业转型的阶段。近些年

来，中国积极推进制造业的供给侧结构性改革，一方面大力破除无效供给，通过应用新技术、新工艺、新设备、新材料，大力提升传统动能。2016年、2017年两年化解钢铁产能1.2亿吨、煤炭产能5亿吨，全面取缔1.4亿吨"地条钢"，淘汰停建缓建煤电产能6500万千瓦以上。2013—2016年，制造业技术改造投资年均增长14.3%。2017年技改投资增长16.3%，增速比制造业投资高11.2个百分点，占全部制造业投资比重达48.5%，比上年提高4.6个百分点。另一方面，大力发展战略性新兴产业，中国战略性新兴产业增速一直较高，2015—2017年工业战略性新兴产业增加值较上年分别增长10.0%、10.5%和11.0%，增速分别高于规模以上工业3.9个、4.5个和4.4个百分点。2017年，高技术制造业、装备制造业增加值分别比上年增长13.4%、11.3%，增速快于规模以上工业6.8个和4.7个百分点，占规模以上工业增加值比重分别为12.7%和32.7%；与2012年相比，高技术制造业、装备制造业比重分别上升了3.3个和4.5个百分点。高技术制造业的主要代表性产品增势强劲，2017年光电子器件产量11771亿只，比上年增长16.9%；2017年新能源汽车产量达到69万辆，连续三年位居世界第一；2017年民用无人机、工业机器人产量分别达到290万架和13万台（套），光伏产业链各环节生产规模全球占比均超过50%。[①] 虽然通过供给侧结构性改革，制造业的结构正在逐步高端化，但重化工占比还是相对较高，尤其是到2017年，六大高耗能行业——化学原料及化学制品制造业、非金属矿物制品业、黑色金属冶炼及压延加工业、有色金属冶炼及压延加工业、石油加工炼

---

① 《改革开放铸就工业辉煌　创新转型做强制造大国——改革开放40年经济社会发展成就系列报告之六》，2018年9月4日，国家统计局网站（http://www.stats.gov.cn/ztjc/ztfx/ggkf40n/201809/t20180904_1620676.html）。

焦及核燃料加工业、电力热力的生产和供应业，其增加值占规模以上工业增加值的比重还高达 29.7%，传统产业优化升级和产业结构迈向中高端仍任重而道远。

## ◇◇ 三　区域布局

中国制造业的区域布局经历了一个复杂的发展过程。应该说中国制造业的区域格局基础来自"一五"的 156 项重点工程建设，当时基于接近资源产地、改变以前中国集中沿海城市畸形布局、国家安全与经济安全需要等基本原则，实际施工的 150 项重点工程中 44 个国防工业项目安排在中西部地区的有 35 个（21 个在四川、陕西两省），106 个民用项目东北地区安排了 50 个、中部地区 32 个，总体上东北和中西部地区安排的项目占据了 84%。① 改革开放以后，中国推进了以东部率先发展、以整体经济增长极为主要内容的区域经济非均衡发展，产业发展的重心逐步向东部倾斜。1980 年 8 月 26 日批准在广东省深圳、珠海、汕头和福建省厦门设置经济特区，在"七五"计划（1986—1990 年）中明确提出按照东部、中部和西部三大经济带序列推进区域经济发展的战略思路。1995 年 9 月中共中央提出要把"坚持区域经济协调发展、逐步缩小地区差距"作为今后 15 年必须贯彻的重要方针，西部大开发、中部崛起和东北老工业基地振兴等重大战略举措开始实施和持续推进。党的十八大和党的十九大进一步推进区域协调发展，京津冀协同发展、长江中游城市群、新一轮东北振兴、

---

① 马泉山：《中国工业化的初战——新中国工业化回望录（1949—1957）》，中国社会科学出版社 2015 年版，第 286—287 页。

长三角一体化、粤港澳大湾区等区域协调发展战略开始实施。随着区域战略的不断深化，中国制造业格局也在变化之中。

虽然近些年来一直通过西部大开发、东北老工业基地振兴以及中部崛起战略促进区域协调发展，但是，到"十二五"结束，东部地区制造业仍基本占有全国"半壁江山"。图3—1为"十二五"时期中国东部、西部、中部和东北地区工业增加值占全国工业增加值的比例情况，可以看出，东部地区工业增加值占比从2012年的50.4%上升到2016年的52.6%①，而东北地区占比则相应从9.0%下降到6.8%，中部地区占比略有上升，西部地区则略有下降。这表明东部与中西部的差距继续扩大，尤其是东北地区工业比重进一步下滑。实际上，投资情况也反映了这个趋势。"十二五"时期，也就是进入工业化后期，东部和中部地区工业投资占比持续走高，西部地区工业投资占比轻微降低，东北地区工业投资占比大幅降低。以第二产业固定资产投资占全国第二产业固定资产投资的份额来看，2012年东部地区最高，为39.1%，其次是中部地区，再次是西部地区，东北地区最低，东部比中部、西部和东北地区分别高出12.9个、16.5个和27.1个百分点（见图3—2）。"十二五"期间，东部和中部地区的份额都持续提高，分别提高了4.8个和3.2个百分点；西部地区占比先升后降，最终下降了1.6个百分点；东北地区占比不断降低，最终下降了6.3个百分点。

如果从省级区域看，处于制造业大省第一方阵的省份主要有江苏、山东和广东，从工业资产看，这三省2016年的工业资产分别为114536.32亿元、105046.32亿元、105604.17亿元，在全国占比都超

---

① 当制造业数据难以获得时，本书用工业数据近似代替说明制造业的数据，这部分区域分布用工业数据替代。

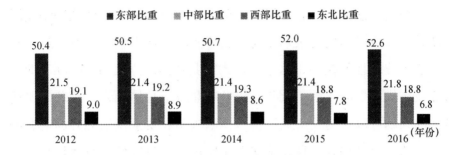

**图 3—1　2012—2016 年中国四大区域工业增加值比重（%）**

资料来源：中国社会科学院工业经济研究所：《中国工业发展报告（2017）》，经济管理出版社 2017 年版，第 471 页。

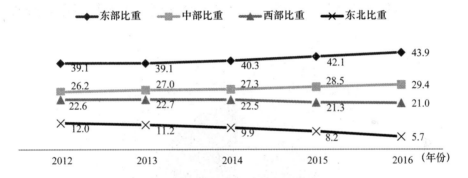

**图 3—2　2012—2016 年中国四大区域第二产业固定资产投资占全国的比重（%）**

资料来源：中国社会科学院工业经济研究所：《中国工业发展报告（2017）》，经济管理出版社 2017 年版，第 473 页。

过了 10%（见图 3—3），合计超过 30%，这些省份都属于东部地区。处于第二方阵的省份包括浙江、河南、上海、北京、河北、四川 6 个省级区域，在全国占比都在 5% 左右，这 6 个区域占比整体为 30% 左右，第一和第二方阵 9 个省级区域工业整体占比超过了全国的 60%。从省级区域也可以看出，东部地区的优势十分明显，不仅如此，从图 3—2 的投资趋势看，东部地区的显著优势还会持续下去。虽然总体上看中部地区逐步在崛起，但是与东部差距还较大。从区域协调发展角度看，最值得担忧的是东北地区制造业的迅速下滑。虽然经过三轮东北老工业基地的振兴，这个中华人民共和国成立之初156项工业项目建设布局最多的区域，近些年仍日趋衰退。总体而言，东北老工业基地的问题可以认为是产业结构、体制机制、要素供给等方面问题的综合，从产业结构看，存在重化工业比重大、过度依靠投资拉动、产业集中度低、"聚而不集"的问题；体制机制方面，民营经济比重过低，国有企业体制机制改革有待深化，创新能力不足；从要素供给方面看，人口数量下降，人口老龄化趋势明显，企业管理人才供给不足。[①] 综合原因必须综合施策，未来东北地区制造业的振兴需要系列

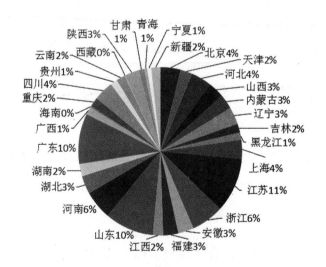

**图3—3　2016年中国各省级区域工业资产占比分布**

资料来源：根据国家统计局数据库计算，暂无港澳台数据。

---

① 黄群慧、石颖：《东北地区工业经济下行的原因分析及对策建议》，《学习与探索》2016年第7期。

措施协同推进。另外，对于西部地区而言，承接东部地区的产业转移无疑是一项重要的发展途径，这正是一个国内版的"雁阵理论"所揭示的趋势。但是随着东南亚地区的国家经济逐步起飞，中国东部地区一些制造业开始出现向东南亚转移的趋势，呈现出国际版"雁阵理论"所揭示的趋势，从而出现对国内版"雁阵理论"的替代，在一定程度上可能会对西部地区发展造成负面影响。

## ◇ 四 所有制结构

中国制造业的所有制结构随着改革的深入处于剧烈的变化之中，总体上看从最初的国有企业"一统天下"到国有、民营和外资企业"三分天下"。到2016年，工业企业的总资产国有、民营和外资所占比例分别为38.78%、34.03%、27.19%，从主营业务收入看，工业企业国有、民营和外资所占比例分别为29.41%、45.61%、24.98%，从利润上看，工业企业国有、民营和外资所占比例分别为21.21%、45%、33.79%。[①] 总体上可以看出在总资产上国有工业企业仍是最大占比，但是主营业务收入和利润则是民营企业占比最高，外资企业以占比约27%的资产和占比约25%的收入，得到了占比高达约34%的利润，总体上呈现出外资和民营企业高于国有企业的特征。

从制造业行业分布看（见表3—4），电力工业、机械工业、冶金工业、石油和石化工业则是制造业内部国有资产密集的行业。2016

---

① 刘江：《中国工业企业的所有制分布特征》，《首都经济贸易大学学报》2018年第6期。

年，国有资产在这些行业中分别为 10.3 万亿元、5.1 万亿元、4.7 万亿元、4.6 万亿元；国有资产在这些行业中的比重分别为 26.1%、12.9%、11.8%、11.6%，表明国有资产高度集中在重化工领域。这种分布也是逐步演变而来，国有企业在食品、纺织等劳动密集型行业中占比分布从最初的 3.6% 和 5.0% 下降到 0.9% 和 0.3%，呈现出明显的大幅度下降，而电力、煤炭、石油石化等国有企业占比得到较大幅度提升，奠定了重化工主导资产的格局。这在很大程度上是国有经济战略性调整的一个必然结果，自 1996 年以来的国有企业改革着重从国有经济战略性调整和建立现代企业制度两个重要方向推进，而国有经济战略性调整的指导思想是将国有资本集中在重要的战略性行业。在工业化中期阶段，战略性行业大多是重化工等行业。当然，从未来发展看，要推进重化工领域产能过剩行业的相当部分国有资本退出，转向高端和新兴制造业、公共服务等领域，这是国有企业战略性重组的重点。另外，还要积极推进自然垄断性行业的国有企业业务重组，将业务更多地集中在具有自然垄断性的网络环节，同时，进行国有企业战略性重组要注意形成兼有规模经济和竞争效率的市场结构，不要形成新的垄断。[①] 与国有企业资产分布在重化工行业不同，民营资本在制造业上的分布主要是在劳动密集型产业，包括木材加工和木、竹、藤、棕、草制品业，纺织业，家具制造业，农副产品加工业，废弃资源综合利用业，金属制品业等都属于占比大的行业。"十二五"期间，总体上民营企业在制造业的资产不断增长，其中废弃资源综合利用业，专业设备制造业，农副产品加工业，橡胶和塑料制品业，文教、工美、体育和娱乐设备制造业，印刷和记录媒

---

① 黄群慧：《"十三五"时期新一轮国有经济战略性调整研究》，《北京交通大学学报》（社会科学版）2016 年第 2 期。

介复制业等行业民营企业资本增幅更大。外资企业的资产和收入在计算机、通信和其他电子设备制造业分布是最多的，体现了外资企业在该行业的绝对优势。①

表3—4　　1997 年以来中国国有企业资产在主要制造业的占比变化　　单位:%

| 年份 | 石油和石化 | 冶金 | 建材 | 化学 | 森林 | 食品 | 烟草 | 纺织 | 医药 | 机械 | 电子 | 电力 |
|------|------|------|------|------|------|------|------|------|------|------|------|------|
| 1997 | 8.5 | 13.2 | 4.1 | 10.4 | 0.8 | 3.6 | 2.2 | 5.0 | 1.8 | 16.0 | 3.5 | 16.1 |
| 1998 | 9.1 | 12.8 | 3.9 | 10.0 | 0.7 | 3.2 | 2.2 | 4.5 | 2.0 | 16.1 | 3.7 | 16.5 |
| 1999 | 11.9 | 12.6 | 3.6 | 8.8 | 0.6 | 3.0 | 2.1 | 3.8 | 2.0 | 14.9 | 3.5 | 18.2 |
| 2000 | 14.4 | 11.6 | 3.0 | 7.7 | 0.5 | 2.4 | 2.1 | 3.5 | 1.7 | 13.3 | 3.7 | 21.6 |
| 2001 | 12.3 | 11.9 | 2.9 | 7.1 | 0.5 | 2.0 | 2.7 | 3.2 | 2.0 | 13.7 | 4.0 | 22.4 |
| 2003 | 12.5 | 11.6 | 2.9 | 6.3 | 0.2 | 1.6 | 3.3 | 2.3 | 2.0 | 11.9 | 4.0 | 25.6 |
| 2004 | 13.7 | 12.7 | 2.5 | 5.8 | 0.2 | 1.3 | 2.6 | 1.7 | 1.7 | 11.8 | 3.4 | 25.8 |
| 2005 | 14.6 | 12.6 | 2.0 | 5.5 | 0.1 | 1.2 | 2.8 | 1.4 | 1.3 | 11.6 | 3.2 | 26.4 |
| 2006 | 15.7 | 13.5 | 1.8 | 5.4 | 0.1 | 1.0 | 2.4 | 1.1 | 1.1 | 11.0 | 2.6 | 26.8 |
| 2007 | 16.8 | 14.2 | 1.8 | 4.8 | 0.1 | 0.8 | 3.2 | 0.8 | 0.9 | 10.7 | 2.2 | 26.1 |
| 2008 | 15.6 | 14.9 | 1.9 | 4.8 | 0.1 | 0.8 | 3.1 | 0.6 | 0.9 | 10.4 | 2.1 | 26.7 |
| 2009 | 16.2 | 15.0 | 2.0 | 4.6 | 0.1 | 0.8 | 3.1 | 0.5 | 0.9 | 9.8 | 2.3 | 26.5 |
| 2010 | 15.7 | 14.7 | 2.0 | 4.6 | 0.1 | 0.9 | 2.3 | 0.4 | 0.8 | 10.9 | 2.4 | 26.4 |
| 2011 | 14.4 | 14.2 | 2.2 | 4.9 | 0.0 | 0.9 | 2.1 | 0.4 | 0.8 | 11.6 | 2.2 | 25.6 |
| 2012 | 13.4 | 14.0 | 2.6 | 5.4 | 0.1 | 0.9 | 1.7 | 0.4 | 0.9 | 10.4 | 2.2 | 25.7 |
| 2013 | 13.8 | 13.8 | 2.8 | 5.3 | 0.0 | 0.9 | 1.9 | 0.3 | 0.9 | 11.7 | 2.2 | 24.4 |

① 刘江:《中国工业企业的所有制分布特征》,《首都经济贸易大学学报》2018 年第 6 期。

续表

| 年份 | 石油和石化 | 冶金 | 建材 | 化学 | 森林 | 食品 | 烟草 | 纺织 | 医药 | 机械 | 电子 | 电力 |
|---|---|---|---|---|---|---|---|---|---|---|---|---|
| 2014 | 13.0 | 13.1 | 2.6 | 5.2 | 0.0 | 0.9 | 2.3 | 0.3 | 0.9 | 12.0 | 2.5 | 24.9 |
| 2015 | 11.9 | 12.4 | 2.6 | 5.4 | 0.0 | 0.9 | 2.3 | 0.3 | 0.9 | 12.3 | 2.8 | 25.5 |
| 2016 | 11.6 | 11.8 | 2.7 | 5.4 | 0.1 | 0.9 | 2.4 | 0.3 | 1.0 | 12.9 | 2.9 | 26.1 |

注：2002 年原始数据缺失。

资料来源：中国社会科学院工业经济研究所：《中国工业发展报告（2018）》，经济管理出版社 2019 年版，第 112 页。

从所有制视角可以进一步分析制造业领域的区域分布。表 3—5 为工业领域国有及国有控股企业地区占比情况，从中可以看出，从 1998 年到 2016 年，东部地区国企的数量、资产、销售收入和利润总额的占比明显下降，而中、西部地区却有上升的趋势，尤其是西部地区上升幅度相对更大，而东北地区稳中略有下降。对于西部的工业企业而言，其工业企业的数量占比达到 32.86%，但其销售收入占比只有 24.74%，其利润总额占比更是只有 20.84%，这在一定程度上意味着西部地区国有工业企业竞争力较差。

表 3—5　　　　　工业领域国有及国有控股企业地区分布占比情况　　　　单位：%

| 年份<br>地区 | 2016 | | | | 2008 | | | | 1998 | | | |
|---|---|---|---|---|---|---|---|---|---|---|---|---|
| | 东部 | 中部 | 西部 | 东北 | 东部 | 中部 | 西部 | 东北 | 东部 | 中部 | 西部 | 东北 |
| 企业数量 | 37.60 | 22.15 | 32.86 | 7.39 | 42.93 | 21.44 | 26.22 | 9.41 | 57.18 | 20.69 | 14.53 | 7.61 |
| 资产总额 | 41.03 | 20.13 | 29.92 | 8.92 | 41.89 | 21.19 | 25.34 | 11.57 | 50.38 | 17.96 | 18.06 | 13.60 |
| 销售收入 | 44.20 | 21.69 | 24.74 | 9.37 | 45.71 | 20.43 | 20.55 | 13.31 | 63.61 | 14.85 | 12.35 | 9.18 |
| 利润总额 | 62.39 | 13.92 | 20.84 | 2.84 | 38.25 | 16.85 | 28.01 | 16.89 | 85.19 | 7.82 | 2.71 | 4.28 |

资料来源：根据 1999—2017 年《中国统计年鉴》计算得到。

## ◇ 五 产业组织结构

从产业组织视角看，改革开放以来，中国制造业企业的数量和规模总体上都在迅速扩大。如表3—6所示，从工业企业看，1998年中国大型企业7563家，中型企业15850家，小型企业141672家，户均资产大中小企业分别是7.86亿元、1.05亿元和0.23亿元；到2017年，大型工业企业9240家，中型工业企业49614家，而小型工业企业313875家，户均资产分别扩大到57.83亿元、5.31亿元、1.03亿元。从数量占比变化看，大型企业数量占比呈现减少趋势，而中型企业占比总体呈现增加趋势，小型企业占比大体围绕85%波动。从资产变化看，大型企业户均资产增速明显快于中型和小型企业。从产业组织状态看，改革开放以来中国工业总体上呈现出大型企业规模扩张和中小型企业数量扩张的"双扩张"增长态势。

从国际比较看，中国大型企业的规模扩张态势是十分明显的。根据《财富》"2018世界500强"数据，中国企业上榜数量从上年的115家增至120家，仅比美国上榜企业数量少6家，中国企业数量进一步巩固了世界第二的地位。中国120家上榜企业中，内地企业为107家，比上年增加2家；中国香港4家；中国台湾9家。"2018世界500强"中，中美两国企业营业收入分别占全部企业的22.07%、29.61%，与上年相比，中国企业的营业收入占比提高了0.8个百分点，而美国企业则下降了0.98个百分点。如果仅按照中国内地企业计算，1999年中国内地企业进入500强的数量是5家，2009年增加到34家，到2016年达到98家，2017年达到105家，在不到20年的时间内有100家挤进了世界500强，新增企业数占到了世界500强的20%。

表3—6

按企业规模中国工业企业的分布变化(1998—2017)

| 年份 | 大型企业 | | | | 中型企业 | | | | 小型企业 | | | |
|---|---|---|---|---|---|---|---|---|---|---|---|---|
| | 企业数量(家) | 数量占比(%) | 企业资产(亿元) | 户均资产(亿元/家) | 企业数量(家) | 数量占比(%) | 企业资产(亿元) | 户均资产(亿元/家) | 企业数量(家) | 数量占比(%) | 企业资产(亿元) | 户均资产(亿元/家) |
| 1998 | 7563.00 | 5 | 59450.19 | 7.86 | 15850.00 | 10 | 16645.56 | 1.05 | 141672.0 | 86 | 32726.11 | 0.23 |
| 1999 | 7864.00 | 5 | 65870.39 | 8.38 | 14371.00 | 9 | 16273.20 | 1.13 | 139798.0 | 86 | 34825.31 | 0.25 |
| 2000 | 7984.00 | 5 | 71069.97 | 8.90 | 13741.00 | 8 | 16239.87 | 1.18 | 141161.0 | 87 | 38901.41 | 0.28 |
| 2001 | 8591.00 | 5 | 79299.76 | 9.23 | 14398.00 | 8 | 18072.45 | 1.26 | 148269.0 | 87 | 38030.27 | 0.26 |
| 2002 | 8752.00 | 5 | 84242.11 | 9.63 | 14571.00 | 8 | 19274.33 | 1.32 | 158234.0 | 87 | 42701.34 | 0.27 |
| 2003 | 1984.00 | 1 | 66277.25 | 33.41 | 21647.00 | 11 | 58854.47 | 2.72 | 172591.0 | 88 | 43675.98 | 0.25 |
| 2004 | 2135.00 | 1 | 78771.10 | 36.90 | 25557.00 | 9 | 75407.38 | 2.95 | 248782.0 | 90 | 61179.99 | 0.25 |
| 2005 | 2503.00 | 1 | 95078.32 | 37.99 | 27271.00 | 10 | 83738.56 | 3.07 | 242061.0 | 89 | 65967.36 | 0.27 |
| 2006 | 2685.00 | 1 | 113776.66 | 42.37 | 30245.00 | 10 | 98633.78 | 3.26 | 269031.0 | 89 | 78804.07 | 0.29 |
| 2007 | 2910.00 | 1 | 138731.00 | 47.67 | 33596.00 | 10 | 118284.00 | 3.52 | 300262.0 | 89 | 96022.00 | 0.32 |
| 2008 | 3188.00 | 1 | 164286.13 | 51.53 | 37204.00 | 9 | 141042.71 | 3.79 | 385721.0 | 91 | 125976.71 | 0.33 |

续表

| 年份 | 大型企业 | | | | 中型企业 | | | | 小型企业 | | | |
|---|---|---|---|---|---|---|---|---|---|---|---|---|
| | 企业数量（家） | 数量占比（%） | 企业资产（亿元） | 户均资产（亿元/家） | 企业数量（家） | 数量占比（%） | 企业资产（亿元） | 户均资产（亿元/家） | 企业数量（家） | 数量占比（%） | 企业资产（亿元） | 户均资产（亿元/家） |
| 2009 | 3254.00 | 1 | 193124.01 | 59.35 | 38036.00 | 9 | 157956.50 | 4.15 | 393074.0 | 90 | 142612.35 | 0.36 |
| 2010 | 3742.00 | 1 | 236257.00 | 63.14 | 42906.00 | 9 | 191194.55 | 4.46 | 406224.0 | 90 | 165430.34 | 0.41 |
| 2011 | 9111.00 | 3 | 342998.91 | 37.65 | 52236.00 | 16 | 162942.05 | 3.12 | 256319.0 | 81 | 165789.51 | 0.65 |
| 2012 | 9448.00 | 3 | 379618.39 | 40.18 | 53866.00 | 16 | 184741.97 | 3.43 | 280455.0 | 82 | 204060.83 | 0.73 |
| 2013 | 9411.00 | 3 | 407968.32 | 43.35 | 53817.00 | 15 | 201140.98 | 3.74 | 289318.0 | 82 | 241516.54 | 0.83 |
| 2014 | 9893.00 | 3 | 450366.93 | 45.52 | 55408.00 | 15 | 229069.82 | 4.13 | 312587.0 | 83 | 277340.46 | 0.89 |
| 2015 | 9633.00 | 3 | 476028.20 | 49.42 | 54070.00 | 14 | 242810.41 | 4.49 | 319445.0 | 83 | 304559.51 | 0.95 |
| 2016 | 9631.00 | 3 | 508070.40 | 52.75 | 52681.00 | 14 | 258989.44 | 4.92 | 316287.0 | 84 | 318806.10 | 1.01 |
| 2017 | 9240.00 | 2 | 534349.33 | 57.83 | 49614.00 | 13 | 263386.84 | 5.31 | 313875.0 | 84 | 324173.40 | 1.03 |

资料来源：根据 Wind 数据库计算。

具体到制造业，2018 年中国制造业企业 500 强营业收入总额突破 30 万亿元，达到 31.84 万亿元，营业收入入围门槛为 86.37 亿元，人均营业收入为 255.68 万元。2018 年中国制造业企业 500 强资产总额为 34.12 万亿元，增长 8.91%。2018 年中国制造业企业 500 强实现净利润 8176.93 亿元，大幅增长 19.18%，继续保持快速增长态势。2018 年中国制造业企业 500 强中提供了完整研发投入数据的 484 家企业共实现研发投入 6545.91 亿元，较上年取得了 19.30% 的较大涨幅；共拥有专利 777072 件，发明专利 302992 件，较上年分别增长了 35.52% 和 68.47%。从 2018 年中国制造业企业 500 强榜单情况看，重化工行业依然扮演了重要角色，如表 3—7 所示，榜单前 10 位企业除华为投资控股有限公司之外，其余均为重化工企业；制造业 500 强榜单中黑色冶金企业占据了 76 席。对营业收入贡献最大的前两个行业分别是黑色冶金和汽车及零配件制造，分别贡献了制造业 500 强整体 14.42% 和 13.56% 的营业收入；而对利润贡献最大的依然是这两个行业，只是二者位置互换，31 家汽车及零配件制造企业创造了榜单企业 14.70% 的总利润，而 76 家黑色冶金企业创造了榜单企业 14.14% 的总利润。[1]

表 3—7 　　　　　　　　2018 年中国制造业 500 强前 10 名

| 名次 | 企 业 名 称 | 营业收入（万元） |
|---|---|---|
| 1 | 中国石油化工集团公司 | 220974455 |
| 2 | 上海汽车集团股份有限公司 | 87063943 |
| 3 | 东风汽车集团有限公司 | 63053613 |

[1] 中国企业联合会、中国企业家协会课题组：《2018 年中国大企业发展的趋势、问题与建议》，2018 年中国企业家高峰论坛资料，2018 年 10 月。

续表

| 名次 | 企 业 名 称 | 营业收入（万元） |
|---|---|---|
| 4 | 华为投资控股有限公司 | 60362100 |
| 5 | 中国五矿集团有限公司 | 49336087 |
| 6 | 正威国际集团有限公司 | 49179850 |
| 7 | 北京汽车集团有限公司 | 47034067 |
| 8 | 中国第一汽车集团有限公司 | 46988810 |
| 9 | 中国兵器工业集团有限公司 | 43691880 |
| 10 | 中国航空工业集团有限公司 | 40481588 |

资料来源：《2018 年中国制造业企业 500 强出炉》，2018 年 9 月 27 日，搜狐网（https：//www. sohu. com/a/256511224_ 100017467）。

　　虽然中国制造业企业规模不断扩张，但从世界范围的产业组织结构看，总体上主要制造行业长期锁定在全球价值链分工的中低端，附加值较低。例如，近 10 年来，中国机电产品的平均出口单价只有 19.75 美元/公斤，远低于日本的 39.74 美元/公斤。另外，一项实证研究表明，中国 22 个制造业行业中，处于全球价值链低端锁定状态的行业达到 12 个，而在全球价值链中居高端的行业只有 3 个。[①]

---

① 张慧明、蔡银寅：《中国制造业如何走出"低端锁定"——基于面板数据的实证分析》，《国际经贸探索》2015 年第 1 期。

# 第 四 章

# 中国制造的机遇与挑战

随着中国步入工业化后期，中国经济步入增速趋缓、结构趋优和新旧动能转换的经济新常态。与这个阶段转换相叠加，世界也面临着新一轮科技革命和产业变革，新工业革命方兴未艾。在这种大的经济发展和产业革命的背景下，中国制造业在国民经济中的核心作用、制造业结构优化的内涵、制造业的产业组织结构和研发组织形态等一系列结构性特征也都正在发生根本性的转变，中国制造业进一步的发展面临着新的机遇与挑战。

## ◇ 一　工业化后期与经济新常态

进入工业化后期，中国工业化进程的特征发生改变，正在从高速转向中高速，同时工业结构不断优化升级，新旧动能持续转换，也就是走向经济新常态。2014 年中央给出了关于中国经济阶段步入经济新常态的判断。而经济新常态的主要特征就是经济增速趋缓、结构趋优、动力转换，这个特征也正是工业化后期的经济运行特征。

　　首先，从工业增速上看，中国工业也步入了增速趋缓的经济新常态。图4—1为改革开放以来中国工业经济增长速度情况。总体上可以划分为1978—1985年、1986—1992年、1993—2010年以及2011年至今的四个波动周期。在最近这个周期中，工业增速逐年下降，2010—2017年的工业增速分别为12.6%、10.9%、8.1%、7.7%、7.0%、6%、6%、6.4%。中国工业增速在保持了20年左右的两位数增长后，在2012年下降到8.1%，接下来的5年一直处于6%—8%，2012年以后的工业几何平均增速为6.03%，波动也较小，这意味着中国工业增速已经从高速增长转向了中高速增长。

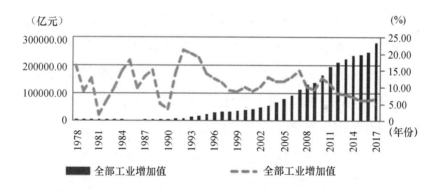

**图4—1　全部工业增加值规模和增长速度（1978—2017年）**

资料来源：国家统计局。

　　经济增速放缓之所以成为一个趋势性的变化，而不是一个周期性的短期下降、将来会"V"形反弹，理论界给出的基本判断是中国的潜在经济增长率下降了，中国步入了一个新的发展阶段。潜在经济增长率下降的原因，其中比较有代表性的是人口红利视角的解释。[①] 基

①　蔡昉：《认识中国经济的短期和长期视角》，《经济学动态》2013年第5期。

于人口红利理论，中国经济之所以能够高速增长多年，主要来自于劳动年龄人口增长、人口抚养比下降相关的人口红利，由于在 2004 年出现了以民工荒和工资上涨为标志的"刘易斯转折点"，在 2010 年劳动人口达到峰值出现负增长，人口红利消失了，中国潜在经济增长率下降将是必然的，经济发展阶段将发生根本性的变化。另外还有解释认为，中国经济进入了结构性减速阶段，正处于投资驱动工业化高增长向效率驱动城市化稳速增长过渡。① 有的学者则直接称中国进入增长平台转换期，现在经济增速下降不是同一平台的短期波动，而是不同增长平台的转换。②

实际上，上述增速的大的阶段性变化，与中国整体经济步入工业化后期是直接相关的。③ 根据我们在第二章的研究结果，中国也是在 2011 年进入工业化后期的。历史经验表明，在工业化中期阶段，一般国家的增速都会保持较高，大约都会达到两位数的增长，甚至保持 20—30 年的时间，但是到工业化后期，增速都会降下来。产业结构大致可以说明这个规律的原因。在工业化中期阶段，重化工是主导产业。重化工是典型的大投入大产出的资金密集型产业，这类产业的大发展自然会支撑经济的高速增长。但到工业化后期，技术密集型产业演变为主导产业，重化工产业的产能趋于过剩，经济增长需要从投资驱动转变为创新驱动，经济增速也就逐渐下降。我们测评的中国工业化阶段和经济运行所呈现出的特征是完全吻合的。这意味着，无论是

---

① 中国经济增长前沿课题组：《中国经济转型的结构性特征、风险与效率提升路径》，《经济研究》2013 年第 10 期。

② 刘世锦：《寻求中国经济增长新的动力和平衡》，《中国发展观察》2013 年第 6 期。

③ 黄群慧：《经济新常态、工业化后期与工业增长新动力》，《中国工业经济》2014 年第 10 期。

从工业化阶段看工业化后期，还是从经济增速由高速转向中高速的经济新常态，这些不同视角对中国经济阶段性变化的描述都是一致的。

其次，从产业结构看，工业的行业结构正在不断优化、工业经济增长动能正在持续转换。从制造业行业结构看（见图4—2），近年来，工业战略性新兴产业、高技术制造业和装备制造业等技术密集型行业增速明显高于规模以上工业增速，相应占比不断上升。战略性新兴产业成为支撑工业增长的新动能，其中2017年高技术制造业和装备制造业合计占比已达45.4%。工业战略性新兴产业包括节能环保产业，新一代信息技术产业、生物产业、高端装备制造产业、新能源产业、新材料产业，新能源汽车产业等七大产业中的工业相关行业。高技术制造业包括医药制造业，航空、航天器及设备制造业，电子及通信设备制造业，计算机及办公设备制造业，医疗仪器设备及仪器仪表制造业，信息化学品制造业。装备制造业包括金属制品业，通用设备制造业，专用设备制造业，汽车制造业，铁路、船舶、航空航天和其他运输设备制造业，电气机械和器材制造业，计算机、通信和其他电子设备制造业，仪器仪表制造业。2017年，规模以上工业战略性新兴产业增加值比上年增长11.0%。其中，高技术制造业增加值增长13.4%，比全部规模以上工业增加值高6.9个百分点，是自2010年以来连续8年高于全部规模以上工业增加值增速；装备制造业增加值增长11.3%，比全部规模以上工业增加值高4.8个百分点，也保持快于规模以上工业增加值的速度增长。截至2017年年底，高技术制造业增加值和装备制造业增加值占规模以上工业增加值的比重已经分别为12.7%、32.7%。2018年上半年，工业战略性新兴产业、高技术制造业、装备制造业增加值同比增长8.7%、11.6%、9.2%，增速分别高于规模以上工业2.0个百分点、4.9个百分点和2.5个百分点，占规模以上工业增加值的比重已经分别达到 18.3%、13.0% 和 32.5%，占比分别比第一季度提高 0.6 个百分点、0.3 个百分点和 0.3 个百分点。

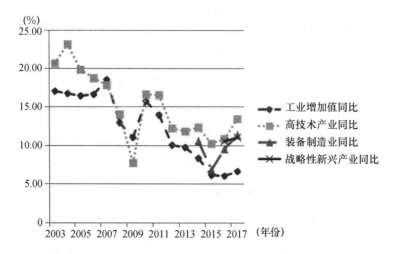

**图4—2　战略性新兴产业、高技术产业、装备制造业工业增加值增长率（2003—2017 年）**

资料来源：国家统计局。

从制造业产品结构看，高复杂性、高附加值、智能化、绿色化以及符合高端消费趋势的产品保持了高速增长。2018 年上半年，新能源汽车、智能电视机、工业机器人、锂离子电池、集成电路、金属集装箱、金属轧制设备、电子元件等产品产量分别同比增长 88.1%、16.9%、23.9%、10.7%、15.0%、32.5%、27.5%、21.5%，都实现了两位数的增长。

从工业投资结构看，技术改造投资增速和高技术制造业投资增速持续加快，工业增长的技术创新驱动力不断增强。2018 年上半年，制造业投资同比增长 6.8%，制造业技术改造投资增长 15.3%，增速比制造业投资高 8.5 个百分点。高技术制造业投资增长 13.1%，比全部制造业投资高 6.3 个百分点。近年来，高技术制造业占制造业投资的比重逐年提高，2014—2017 年高技术制造业占制造业投资的比重分别为 10.6%、11.1%、12.1% 和 13.5%，2018 年上半年进一步提高至 17%。另外，2018 年上半年，有关绿色发展方面的投资也大幅增加，生态保护和环境治理业投资同比增长 35.4%，环境监测专用仪器仪表制造业投资增长高达 68.7%。

## ◇ 二 中国制造的机遇

伴随着经济步入新常态，制造业对经济发展的贡献已经从直接支持经济增长、解决就业为主转向创新驱动、提高经济效率为主。虽然从统计占比看，制造业对经济增长的贡献有所下降，但并不意味着制造业在国民经济中战略地位的下降。钱纳里等人在 1986 年曾给出了很好的总结和概括，他们认为工业是经济增长的引擎，工业的作用可以概括为将技术进步用于生产、促进技术创新、传播技术创新、创新理念、引导制度发展、产生有益外部效应、促进现代服务业发展、创造动态比较优势、促进经济国际化、促进企业现代化十大方面，他们进一步指出："长期以来，工业就是技术进步、相关技能和企业理念的主要来源者、使用者和传播者。其他生产活动无法与之相比。……当今世界，制造业不仅是发展的组成部分——而且是其中重要的组成部分。"[1] 这对中国的启示意义在于，虽然 2013 年中国服务业产值比例超越了工业，而且可以预期这种态势还会持续，但是必须认识到，

---

① 联合国工业发展组织：《工业发展报告 2002/2003：通过创新和学习提高竞争力》，中国财政经济出版社 2003 年版。

这种变化只是统计意义上的变化，工业对于中国经济发展的重要地位没有变化，中国经济要实现长期稳定发展，制造业发展才是关键，中国要成为创新型国家，就必须有发达的工业体系支撑。而且，从国际竞争角度看，对于中国这样一个社会主义大国而言，制造业的国家战略意义更是无法替代的。

中国发展正面临着百年未有之大变局，正处于重要的战略机遇期，中国制造业的发展也面临前所未有的机遇。

从国际科技环境看，当前新一轮科技和产业革命正在由导入期转向拓展期，颠覆性技术不断涌现，产业化进程加速推进，催发了大量的新技术、新产业、新业态和新模式，经济增长的新动能正在逐步孕育发展。自 1771 年第一次科技革命以来，人类社会大体经历了早期机械时代、蒸汽机与铁路时代、电力和钢铁时代、石油和汽车时代、信息与通信时代这五次产业革命。2008 年国际金融危机以后，更为流行的是有关蒸汽时代、电力时代和信息时代的三次产业革命的分类。近几年，随着社会对智能化的关注，以德国"工业 4.0"为代表，将信息时代又细分为基于信息技术的自动化阶段和基于物理信息系统的智能化阶段，于是有所谓的从"工业 1.0"到"工业 4.0"的四次工业革命的分类。无论如何划分，一般被认可的是，20 世纪下半叶以来，世界一直孕育和发展着以信息化和工业化融合为基本特征的新一轮产业革命。尤其是国际金融危机后的 10 年中，新一轮产业革命步伐加快，由导入期正在转入拓展期。新产业革命的技术基础是以信息技术突破应用为主导、大量相互作用的技术组成的高新技术簇群。20 世纪 90 年代以来，计算机芯片处理技术、数据存储技术、网络通信技术和分析计算技术获得巨大突破，以计算机、互联网、移动通信和大数据为主要标志的信息技术、信息产品和信息获取与处理方法得到指数级增长，信息技术逐步与制造技术深度融合推动了智能化、数字化、网络化制造技术创新和扩散，形成了新产业革命复杂的技术系统。从底层的使用技术，如高效能运算、超级宽带、新材料、移动互联网等，到3D打印、机器人、柔性生产系统等生产制造设备和系统，再到最顶层的工业物联网系统，技术范式的革命带来了经济范式的革命。

从经济系统看，一是信息（数据）开始作为独立投入产出的生产要素，成为社会经济运行效率和可持续发展的关键决定因素，信息（数据）被认为将会成为决定未来现代化水平的最稀缺的要素，而"云网端"新一代信息基础设施的重要价值也将更为凸显。二是促进资本、劳动力各生产要素发生了质的变化，引起了生产、流通、分配、消费等各项经济活动、各个经济环节的巨大变革，电子商务、智能制造等新的生产消费方式发展迅速。三是智能制造产业作为新产业革命的先导迅速发展，进一步支持和带动了智慧农业、智慧城市、智能交通、智能电网、智能物流和智能家居等各个领域的智能化发展，满足生产者和消费者的智能化、个性化需求，逐步形成以智能制造为核心的现代产业体系。四是生产组织和社会分工方式更倾向于社会化、网络化、平台化、扁平化、小微化，大规模定制生产和个性化定制生产将成为主流制造范式，更加适应以消费者为中心的商业模式，企业组织边界日益模糊，基于平台的共享经济和个体创新创业获得巨大的发展空间。当然由于新产业革命还只是处于从导入到拓展的转折期，其经济增长的新动能的充分发挥还有待时日。据有关研究预测，到2035年，人工智能能够使美国经济增长提高2个百分点，贡献8.3万亿美元GDP；德国和日本分别提高1.6个和1.9个百分点，分别贡献1.1万亿和2.1万亿美元的GDP。因此，新产业革命塑造的世界经济发展新动能已经初露端倪，未来更是潜力巨大。

面对新一轮科技和产业革命的浪潮，与第一次和第二次工业革命时代不同，中国已经具备抓住这次新工业革命机遇的基础条件和能力。中国作为发展中大国，新工业革命意味着工业化和信息化的融合，而对于发达国家则是"再工业化"与信息化的融合。中国已经步入工业化后期，正处于经济结构转型升级的关键时期，而新工业革命催生了大量的新技术、新产业、新业态和新模式，为中国产业从低端走向中高端奠定了技术经济基础并指明了发展方向，为中国科学制定产业发展战略、加快转型升级、增强发展主动权提供了重要机遇。与以前积贫积弱的国情不同，中国综合国力已居世界前列，已经形成了完备的产业体系和庞大的制造基础，成为全球制造业第一大国，具有抓住这次科技和产业革命历史性机遇的产业基础条件。同时，中国具有规模超大、需求多样的国内市场，也为新工业革命提供了广阔的需求空间。近年来，中国电子商务取得快速发展，增速远远超越其他发达国家，就得益于这样的市场优势。因此，面对新工业革命，中国可以乘势而上，抢抓机遇，推进工业化和信息化的深度融合，实现跨越式发展。近些年来，中国制造业创新取得了巨大成就，经济增长新旧动能正在加速转换。

一是总体科技创新能力不断增强，科技创新支撑引领经济增长作用日益凸显。中国创新环境继续优化，创新投入力度加大，创新产出能力稳步提升，创新成效进一步显现，载人航天、探月工程、大飞机等一批标志性重大科研成果产生。从国家统计局社科文司"中国创新指数研究"课题组提出的能够综合反映创新环境、投入、产出和成效状况的创新指数看，2016 年中国创新指数为 181.2，比 2012 年提升了 33 个点。从世界知识产权组织、美国康奈尔大学和欧洲工商管理学院联合发布的全球创新指数排名看，中国科技创新能力也显著增强，从 2012 年的第 34 位跃升至 2018 年的第 17 位。科技创新成果广泛应用于农业、制造业、服务业等领域，取得了显著的经济效益和社会效益。从经济增长的科技进步贡献率看，2012 年为 52.2%，2016 年达到 56.2%，比 2012 年提高 4 个百分点；2017 年科技进步贡献率达到了 57.5%，比 2016 年又提高了 1.3 个百分点。

二是产业创新能力不断增强，产业升级对经济增长贡献度日益提升。基于移动互联、物联网、云计算的数字经济新业态、新模式蓬勃发展，极大地提升了传统产业、促进了经济发展新旧动能转换。2017 年由新技术、新产业、新模式、新业态等构成的经济新动能对经济增长的贡献度超过 1/3，对新增就业的贡献度超过 2/3。网上零售额年均增长 30% 以上，信息消费、绿色消费等新兴消费快速增长。

三是企业创新能力不断增强，新企业和企业创新活动为经济增长提供了有力支撑。随着大众创业万众创新广泛开展，中国日均新注册企业数量不断增长，2016 年日均新增 1.5 万户，加上个体工商户等各类市场主体日均新增 4.5 万户。2017 年全年全国新登记企业 607.4 万户，比上年增长 9.9%，日均新登记企业 1.66 万户；企业创新主体地位不断强化，2016 年中国研发经费中企业资金为 1.19 万亿元，比 2012 年增长 56.4%，年均增长 11.8%。企业研发经费支出占全社会研发经费支出的 76.1%，比 2012 年提高 2.1 个百分点；2016 年在中国参与调查的 72.6 万家规模（限额）以上企业中，有 28.4 万家开展了创新活动，占 39.1%，2017 年有 29.8 万家企业开展了创新活动，占 39.9%。新企业和企业创新活动正成为中国经济增长的重要源泉。

四是产品创新能力不断增强，高水平的新产品供给有效地促进了经济增长。中国制造业沿着智能化、绿色化、高端化、服务化等产品创新方向，高复杂性、高附加值、高科技含量的新产品不断涌现，不仅提升了中国整体国力和国际竞争力，而且满足了消费结构升级的需要，有效地促进了经济增长。2016 年和 2017 年规模以上工业企业实现新产品销售收入分别为 17.5 万亿元和 19.2 万亿元，比 2012 年分别增长 58% 和 73.3%。2016 年和 2017 年新产品销售收入占主营业务收入的比重分别为 15.1% 和 16.9%，比 2012 年分别提高 3.2 个百分点和 5.0 个百分点。

## ◇ 三 中国制造的挑战

无论是从工业化后期或者经济新常态发展阶段变化角度分析，还是从世界科技经济环境变化角度研究，中国制造在面临着重大战略机遇的同时，也需要面对一系列重大挑战。

### （一）化解产能过剩

产能过剩问题虽然被认为是市场经济条件下一个带有普遍性的问题，而且 20 世纪末和 2005 年前后中国都出现过较为突出的产能过剩问题，从这个意义上说，产能过剩问题并不是中国工业化后期所特有的问题和挑战。但是，2011 年以来，中国制造面临的产能过剩问题的性质和特征与以往不同，给中国经济带来的挑战严重性也不同寻常。

一方面，产能过剩涉及领域更广、程度更深。从范围上看，包括钢铁、水泥、有色金属、煤化工、平板玻璃、造船、汽车、机械、电解铝等领域，甚至扩展到光伏、多晶硅、风电设备等代表未来产业发展方向的战略性新兴产业。从产能过剩程度上看，2012 年年底中国钢铁、水泥、电解铝、平板玻璃、船舶产能利用率分别仅为 72%、

73.7%、71.9%、73.1% 和 75%，光伏行业 2013 年产能利用率在 60% 左右，多晶硅、风电设备产能利用率不到 50%，这都明显低于国际通常水平（一般认为正常的产能利用在 80%—85%）。通过供给侧结构性改革，2017 年以后，整体产能利用率得到了大幅度提高，但存在大量"僵尸企业"，产能过剩问题仍长期存在。另一方面，绝大多数产业的产能过剩，尤其是重化工业，不是周期性的相对过剩，而是需求高峰已过，是绝对过剩。中国进入了工业化后期，已经是名副其实的工业经济大国，有 200 多种工业产品产量居世界首位，接下来的任务是由工业大国到工业强国，从大到强转变的过程中，产能过剩从以前相对过剩转为现实的绝对过剩，也就是说，以前周期性产业过剩后来都可以慢慢通过长期需求消化掉，但到工业化后期以后，许多产业年度需求峰值已经达到，不可能有长期需求慢慢把峰值吸收掉。

产能过剩是粗放的经济发展方式亟待转变、低成本工业化战略亟须转型以及中国体制改革不到位的矛盾的集中体现。看似简单的产能过剩之所以成为中国经济发展的"痼疾"，其背后有着深刻复杂的原因。与成熟的市场经济国家不同，中国的产能过剩问题有市场自身供求关系变化引起的经济周期波动方面的原因，但更为关键的是经济体制与发展方式的原因。由于中国进入工业化后期，面临着经济发展阶段的重大变化，产能过剩绝不仅仅是一个淘汰落后产能的问题，也不仅仅是与产业重组、雾霾治理、产业结构转型升级紧密相关的综合治理工作，而是和深化政府体制改革、转变经济发展方式密切相关，与中国治理体系和治理能力现代化进程密切相关。

（二）经济"脱实向虚"

制造业是实体经济的核心，实体经济是一个国家的强国之本、富民之基。但是，近些年随着中国经济服务化的趋势加大，中国经济发展中呈现出"脱实向虚"问题，制造业发展环境和要素支撑面临着被弱化、虚化的风险。这主要表现在以下几个方面。

一是虚拟经济中的主体金融业增加值占全国 GDP 比例快速增加，从 2011 年的 4.7% 快速上升到 2016 年的 8.4%，这已经超过所有发达国家，美国不足 7%，日本也只有 5% 左右。二是中国实体经济规模占 GDP 比例快速下降，以农业、工业、建筑业、批发和零售业、交通运输仓储和邮政业、住宿和餐饮业的生产总值作为实体经济口径计算，从 2011 年的 71.5% 下降到 2016 年的 64.7%。三是从上市公司看，金融板块的利润额已经占到了所有上市公司利润额的 50% 以上，这意味着金融板块企业超过了其他所有上市公司利润额之和。麦肯锡一份针对中国 3500 家上市公司和美国 7000 家上市公司的比较研究表明，中国的经济利润 80% 由金融企业拿走，而美国的经济利润只有 20% 归金融企业。四是实体经济中的主体制造业企业成本升高、利润下降、杠杆率提升，而且在货币供应量连续多年达到 12% 以上、2011—2016 年货币供应量 M2 是 GDP 的倍数从 1.74 倍上升到 2.03 倍比例的情况下，面对充裕的流动性，制造业资金却十分短缺、资金成本较高，大量资金在金融体系空转、流向房地产市场，推动虚拟经济自我循环。大量的资金、人才等资源乐于在虚拟经济中自我循环，金融业过度偏离为实体经济融资服务的本质、虚拟经济无法有效地支持实体经济发展，这种"脱实向虚"问题表明，实体经济供给与金融供给之间、实体经济供给与房地产供给之间存在严重的结构性失衡。

造成这种供给结构性失衡问题的原因是复杂的，既有金融部门对于实体经济部门具有垄断地位、金融市场服务实体经济效率不高、房地产顶层设计缺乏和房地产市场亟待规范等众多原因，但是，必须认识到由于实体经济供给质量不高进而引起实体经济自身供求失衡、无法提供高回报率是"脱实向虚"的一个根本原因。在经过了快速的工业化进程，进入"十二五"时期后，中国逐步进入工业化后期，中国的实体经济规模已经十分庞大，但中国是实体经济大国而不是实体经济强国，实体经济的供给质量还不高。这意味着面对由于工业化后期城市化进程加快推进而带来的人口结构变化和收入水平提高，消费结构升级明显，实体经济的供给要素和供给体系无法适应消费需求结构转型升级的需要。

具体而言，中国经济"脱实向虚"趋势的逻辑原因如图4—3所示。中国已经步入工业化后期的经济增长新阶段，这个阶段也是中国经济步入新常态的时期，其经济增长是工业化和城市化进一步深化互动发展的结果。在人口结构变化和收入水平提升的经济变量驱动下，城市化进程推进消费实现快速转型升级和服务业迅速发展，但由于体制机制、产业政策和人力资本等原因，服务业快速发展没有支撑起工业创新能力的相应提升，存在工业和服务业发展的结构性失衡，造成制造业大而不强的供给体系不能迅速升级，制造业供给质量不能满足升级后的消费需求，原有供求动态平衡被打破和新的供求平衡短期无法形成，制造业出现结构性供需失衡，这种失衡会使得实体经济部门投资回报率大幅降低，实体经济增速开始下降。国内供需关系无法有效实现，在信息化全球化的背景下，消费需求转向海外、国内制造业空心化趋势加速，同时国内实体经济经营环境不能相应改善，这一切又加剧了实体经济部门收益和投资的下降，实体经济发展进一步受到压抑。与此同时，在工业化后期经济潜在增长率下降，经济面临下行的巨大压力，在需求管理的宏观调控思想指导下，通过货币宽松方式来刺激经济增长，但货币宽松遇到了实体经济投资回报率的下降，金融系统试图通过影子银行、延长信用链等金融创新手段寻求快速的高回报。与实体经济部门面临日益强化的约束相比，金融部门通过金融创新创造的货币供给不断增加，这两年每年都以 12%—13% 的速度增长。在金融监管缺位的情况下，这将促使资产价格大幅度上升，加剧证券市场投机和房地产市场金融化，资金在虚拟经济体系内部不断自我循环扩张，金融衍生和信用链条不断延伸，这又使得实体经济融资难融资贵问题突出，进一步使实体经济投资回报降低、生存发展环境恶化，而虚拟经济在自我循环中走向泡沫化，表现为高速增长。然而，实体经济增速下降和虚拟经济高增长最终导致实体经济与虚拟经济的结构失衡。[①]

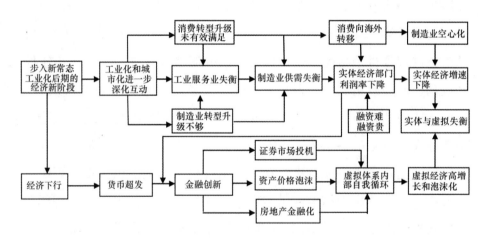

**图 4—3　经济"脱实向虚"的逻辑示意**

资料来源：黄群慧：《论新时期中国实体经济的发展》，《中国工业经济》2017 年第 9 期。

---

① 黄群慧：《论新时期中国实体经济的发展》，《中国工业经济》2017 年第 9 期。

（三）制造业成本大幅提升

中国制造业的要素结构和成本环境正在发生重大变化。自 2010 年开始，中国人口抚养比（非劳动年龄人口与劳动年龄人口比）由过去长期保持下降转为上升，表明中国人口红利趋于消失，给中国制造业发展带来的直接影响是制造业劳动成本快速增长。2003—2016 年，中国城镇制造业职工平均工资年均增长 10%。由于企业承担的福利支出是按照工资的比例支付的，职工福利支出也随着工资的快速上涨而增长。劳动力成本的快速上涨减弱了中国制造业的传统比较优势。

中国制造业的工资水平已超过大部分东南亚国家和南亚国家，是这些国家的 1—6 倍。据日本贸易振兴机构在 2013 年 12 月至 2014 年 1 月所做的调查，上海普通工人的月基本工资为 495 美元，分别是吉隆坡、雅加达、马尼拉、曼谷、河内、金边、仰光、达卡、新德里、孟买、卡拉奇、科隆坡的 1.15 倍、2.05 倍、1.88 倍、1.35 倍、3.19 倍、3.61 倍、4.9 倍、6.97 倍、5.76 倍、2.20 倍、2.38 倍、3.21 倍。上海技术人员的月基本工资为 867 美元，分别是吉隆坡、雅加达、马尼拉、曼谷、河内、金边、仰光、达卡、新德里、孟买、卡拉奇、科隆坡的 0.84 倍、2.14 倍、2.02 倍、1.24 倍、2.44 倍、2.75 倍、6.88 倍、3.28 倍、1.53 倍、1.77 倍、2.02 倍、2.45 倍。[1] 中层管理人员的基本工资也高于或相近于多数东南亚国家和南亚国家。据英国经济学人智库预测，中印两国制造业每小时劳动力成本之比，将

---

[1]　中国社会科学院工业经济研究所：《中国工业发展报告（2014）》，经济管理出版社 2014 年版，第 355 页。

从 2012 年的 138% 上升至 2019 年的 218%。①

同时，中美制造业劳动力成本的相对差距在不断缩小。1990—2015 年，中国制造业年平均工资由 2073 元提高到 55324 元，16 年间劳动力成本上升了 26 倍。同期，美国制造业年平均工资由 28173 美元上升至 55292 美元，劳动力成本仅上升了 1.9 倍。考虑汇率因素后，若统一按人民币计价，中美制造业劳动力成本的相对差距也是一直在缩小，而且这种趋势在 2008 年之后更为显著。如图 4—4 所示，1991—2015 年，中国制造业年平均工资增速基本保持在 10% 以上的水平，几乎一直高于美国，美中制造业平均工资差距已由 1991 年的 65 倍降至 2015 年的 6 倍。②

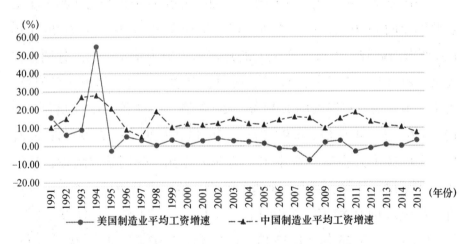

**图 4—4 中美制造业平均工资增长率比较（以人民币计价的增长率）**

资料来源：渠慎宁、杨丹辉：《中美制造业劳动力成本比较》，《中国党政干部论坛》2017 年第 9 期。

---

① 国家制造强国建设战略咨询委员会编著：《中国制造 2025 蓝皮书（2017）》，中国工信出版集团、电子工业出版社 2017 年版，第 31 页。

② 渠慎宁、杨丹辉：《中美制造业劳动力成本比较》，《中国党政干部论坛》2017 年第 9 期。

　　中国制造业成本上升，不仅仅是劳动力成本，在工业增速由高速向中高速转变的过程中，税收成本对制造业的影响越来越突出。不同口径的测算结果表明，中国制造业企业税收成本超过45%，加入各类行政性收费和政府基金后的综合税负成本超过60%，大幅高于美国制造业企业38.92%的税收成本和44%的综合税负成本。[①] 此外，根据相关测算，在制造业企业使用的主要能源产品中，除原油成本中美基本相同外，其他主要能源产品，中国的价格都显著高于美国。其中，中国的工业用电成本比美国高60%，电煤价格是美国的1.6倍，焦煤价格是美国的1.44倍，成品油价格是美国的1.5倍左右，工业用天然气价格是美国的2.4—4.7倍，工业用地成本为美国2—6倍。以汽车零部件为例（见表4—1），在美国南部设厂和在中国长三角地区设厂成本比较，在不包括运输、关税等情况下，在中国设厂的劳动力成本节约从65%下降到39%，总成本节约从2000年的16%下降到2015年的10%，中国制造业的成本优势已不显著。

表4—1　汽车零部件厂商在美国南部设厂和在中国长三角地区设厂成本比较

| | 比较项目 | 2000 年 | 2015 年 |
|---|---|---|---|
| 美国南部 | 工资（美元/小时） | 15.81 | 24.81 |
| | 生产率（为美国生产率百分比） | 100 | 100 |
| | 劳动成本（美元/件） | 2.32 | 3.32 |
| 中国长三角地区 | 工资（美元/小时） | 0.72 | 6.31 |
| | 生产率（为美国生产率百分比） | 13 | 42 |
| | 劳动成本（美元/件） | 0.74 | 2.00 |
| 中国比美国 | 劳动成本节约（%） | 65 | 39 |
| | 总成本节约（%） | 16 | 10 |

　　资料来源：张帆：《产业漂移》，北京大学出版社2014年版，第255页。

---

[①]　姜鸿、贺俊：《中美制造业税负成本比较及对策建议》，《财经》2016年第12期。

（四）新工业革命

新工业革命对于中国的制造业发展而言，既是一个战略机遇，也是一个巨大的挑战。一是可能进一步弱化中国的要素成本优势，中国必须推进低成本工业化战略转型。新工业革命加速推进了先进制造技术应用，必然会提高劳动生产率、减少劳动在工业总投入中的比重，中国的比较成本优势则可能会加速弱化。二是可能对中国产业升级和产业结构升级形成抑制。现代制造技术的应用提升了制造环节的价值创造能力，使得制造环节在产业价值链上的战略地位将变得与研发和营销同等重要，过去描述价值链各环节价值创造能力差异的"微笑曲线"有可能变成"沉默曲线"，甚至"悲伤曲线"。发达工业国家不仅可以通过发展工业机器人、高端数控机床、柔性制造系统等现代装备制造业控制新的产业制高点，而且可以通过运用现代制造技术和制造系统装备传统产业来提高传统产业的生产效率，从而，"第三次工业革命"为发达工业国家重塑制造业和实体经济优势提供了机遇，曾经为寻找更低成本要素而从发达国家转出的生产活动有可能向发达国家回溯，导致制造业重心再次向发达国家偏移，传统"雁阵理论"所预言的后发国家产业赶超路径可能被封堵。三是可能进一步恶化中国的收入分配结构。提高劳动报酬的机制，虽然一般可以通过税收等制度设计提高劳动在初次和二次分配中的比重，但更根本、更有效、对要素市场扭曲最小的方式是为劳动者创造更多高劳动生产率的工作岗位。但是在一般劳动者素质不能大幅度提高的情况下，新工业革命的推进会造成职工的失业或者被锁定在低附加值的简单劳动环节中。

（五）"过早地去工业化"

进入 20 世纪 60 年代以后，工业化国家制造业就业人数急剧下降，总体约减少了 2500 万个岗位，欧盟国家制造业就业至少减少了约 1/3。同时，制造业和第二产业在三次产业增加值占比也逐步降低，这被认为是"去工业化"。到 20 世纪 80 年代东亚一些高收入国家也开始了自己的"去工业化"过程。甚至一些中等收入的拉丁美洲国家和南非在推进激进的经济改革后也开始"去工业化"。由于这些国家还没有实现工业化，人均收入远低于工业化国家，所以被认为是"过早地去工业化"，而且这被一些学者认为是这些国家陷入"中等收入陷阱"的一个重要原因。当一个国家和地区制造业增加值占 GDP 比重达到 30% 以后，制造业所带来的技术渗透效应、产业关联效应和外汇储备效应都已经得到充分体现，服务业效率提高能够承担支持经济增长的引擎，此时制造业占比降低被认为是"成熟地去工业化"。但是当一个国家和地区的制造业就业低于整体就业的 5% 就开始降低制造业在国民经济中的比重，这就是"过早地去工业化"，由于制造业发展不充分，取代制造业的可能是低技能、低生产率、低贸易度类型的服务业，这些服务业无法作为经济增长的新引擎来替代制造业的作用，无法保证经济的可持续增长。如果从工业化是生产要素组合从低级向高级的突破性变化的过程这个界定出发，"过早地去工业化"实质是没有实现生产要素组合向高级突破性变化而对工业化进程的中断。

伴随着 2011 年以来经济增速放缓，中国经济服务化的趋势十分明显。到 2013 年，服务业增加值占 GDP 比例达到了 46.1%，而工业增加值占比为 43.9%，服务业占比首次超过了工业，成为最大占比产业。2015 年，中国服务业占比首次超过了整个 GDP 的 50%。无论是从中国的工业化进程看，还是从产业结构高级化趋势看，2013 年服务业产值比例首次超越工业产值比例，在一定程度上都是一个具有象征意义的转折点，这意味着从统计上看服务业成了供给的主要驱动力。

长期以来，大力发展服务业、推动产业结构的转型升级一直是中国产业政策激励导向和发展战略的目标方向，2013 年服务业产值比例超过工业产值比例，2015 年成为第一大产业，这既在一定程度上表明了中国经济政策的有效性，也成为中国经济发展阶段变化的重要标志，可以预见这种趋势日后还会更加明显。但是，在清楚认识并顺应经济服务化趋势的同时，我们还必须防范由于服务业提升太快、制造业比例过快下降而产生的"过早去工业化"和"制造业空心化"风险。

1978—2011 年，中国服务业占比年均增长约 0.6 个百分点；2011—2016 年，中国服务业占比年均增长约 1.5 个百分点，而工业年均下降 1.1 个百分点，应该说，服务业占比快速增长和工业占比快速下降是前所未有的。同样，世界上很少国家有如此高速度的结构变迁。对服务业占比过快上升不能持过于乐观的态度，这是因为相对于制造业而言，服务业资本深化程度不够，占比过快增长会使全社会人均资本降低，进而导致全要素生产率下降，影响经济增长速度。近些年，服务业占比提升而经济增速下降，出现了所谓的"结构性减速"，在一定程度上说明了这个问题。2016 年工业投资特别是制造业投资增速回落，2016 年全年工业投资总额 231826 亿元，增长 3.5%，增速比 2015 年减少 4.2 个百分点；其中制造业投资增速增长 4.2%，比 2015 年全年下降 3.9 个百分点，制造业吸引外商直接

投资增长为 - 6.1%，中国制造业对外直接投资增长为 116.7%。在当前世界范围新一轮科技和产业革命方兴未艾、中国大力推进实施制造强国战略的背景下，国内工业投资增速大幅回落、国外投资大幅增长，无疑是"制造业空心化"的一个重要信号。因此对于中国而言，要避免当前过快的制造业占比下滑而引起"过早地去工业化"。

# 第 五 章

# 化解产能过剩

计划经济体制下，中国经济饱受"短缺经济"之苦，粮票、布票等与货币一样充当交换等价物。在推进经济体制改革 20 年以后，大约从 20 世纪 90 年代中期以来，中国经济整体上告别"短缺经济"，卖方市场被买方市场所替代，供过于求成为经济的常态。这种背景下，产能过剩问题出现并逐步成为中国经济生活中的一个"痼疾"，这也彻底扭转了以前所认为的只有资本主义社会才会有产能过剩问题的错误认识。制造业产能过剩，虽具有一定周期性，但近 20 多年来一直是中国经济发展中需要解决的一个重大问题。化解产能过剩，虽然重点有差异，但多年来一直是中国产业政策的一项重要内容。

## ◇ 一 什么是产能过剩

所谓产能过剩（excess capacity 或 surplus capacity），直观可以理解为一个经济体的生产能力大于消费能力，具体地说是产能利用率低于正常值的经济现象。进入 21 世纪，中国的基本经济国情已经从农业大国转变为工业大国，在世界 500 种主要工业品中，有 220 种产品产量居全球第一位，其中粗钢、电解铝、水泥、精炼铜、船舶、计算机、空调、冰箱等产品产量都超过世界总产量的一半。伴随着中国经济"长大"的喜悦，"大而不强"的结构性问题也困扰着中国经济的进一步发展，产能过剩就是集中的体现。应该说，适度的供过于求有利于市场充分竞争、提高效率，但长期的产能过剩会造成企业大面积亏损和破产、失业增加、金融风险加大、资源大量浪费等问题。问题的关键是产能利用率低到什么程度，产能过剩才成为一个问题。

严格地界定，产能过剩是指实际产出数量小于设备满负荷利用时的潜在生产能力而形成的生产能力过剩，一般可以用产能利用率或设备利用率（实际产出与潜在产能之比）衡量产能过剩的程度。美联储每月公布一次上个月的产能利用率数据，每年的 3 月做年度修改。美联储的产能指数覆盖北美行业分类系统（NAICS）三位数和四位数行业的 89 个细分行业，包括 71 个制造业、16 个采矿业和 2 个公用事业，同时又划分成耐用品制造业、非耐用品制造业、全部制造业、采矿业、公用事业等若干组。[①] 美联储认为产能利用率达到 85% 以上则为产能充分利用，超过 90% 为产能不足，79%—83% 为产能过剩。2015 年以后，中国国家统计局按季度公布工业产能利用率，其工业产能利用率是以价值量计量的实际产出与生产能力（平均）的比率，其中实际产出是指企业报告期内的工业总产值，而生产能力是指报告期内，在劳动力、原材料、燃料、运输等保证供给的情况下，生产设备（机械）保持正常运行，企业可实现并能长期维持的产品产出。这些数据是基于大中型企业全面调查、小微企业抽样调查的结果，涉及 9 万多家工业企业。一般而言，中国认为产能利用率在 80%—85% 属

---

① ［美］伯纳德·鲍莫尔：《经济指标解读（珍藏版）》，徐国兴、申涛译，中国人民大学出版社 2014 年版。

于正常范围，超出该区间则反映产能过剩或者短缺，这意味着如果一个产业产能利用率低于80%，则该行业可以定义为产能过剩行业。

改革开放以来，中国出现过多次比较严重的产能过剩现象。最早在20世纪90年代初，曾针对纺织工业过剩问题进行了结构调整，大幅度压缩纺锭规模，但这主要是针对纺织及相关行业，范围相对比较窄。在20世纪90年代末到21世纪初，由于各地盲目投资重复建设严重，特别是受亚洲金融危机影响，商务部监测的主要消费品和主要生产资料中，一半以上的产品供过于求、库存增加，生产过剩严重，企业效益恶化造成大量银行信贷呆坏账。在进入21世纪后，中国进入新的重化工业阶段，在住宅、汽车、电子通信和基础设施建设等龙头行业的带动下，中国经济呈现快速增长态势；这些龙头行业拉动了一批中间投资品性质的行业，主要是钢铁、有色金属、机械、建材、化工等；以上两个方面又拉动了电力、煤炭、石油等能源行业的增长。但是，2008年美国金融危机发生之后，以钢铁、造船、太阳能光伏等行业为典型代表的产能过剩问题凸显出来，如图5—1所示，2009年工业产能利用率只有73.1%。2009年9月26日由国家发展改革委、工业与信息化部等部门联合颁布的《关于抑制部分行业产能过剩和重复建设引导产业健康发展的若干意见》指出，钢铁、水泥、平板玻璃、煤化工等传统行业的产能过剩将会进一步加剧，多晶硅、风电设备等新兴行业也出现了重复建设倾向。随着中国实施经济刺激计划，产能过剩问题相对得到缓解。但是在2012年以后，随着中国工业化步入后期，重化工产能过剩问题日益突出，再加上经济刺激计划的后遗症也逐步暴露出来，产能利用率逐年下降，2012—2016年产能利用率分别为77.5%、75.8%、75.6%、74.3%、73.3%。2016年开始着手推进供给侧结构性改革，全面实施去产能、去库存、去杠杆、降成本、补短板的"三去一降一补"政策，2017 年产能利用率提高到 77.0%，供给侧结构性改革效果显现出来。

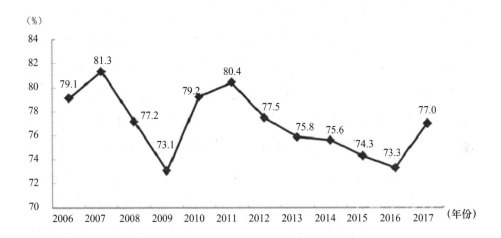

**图5—1 中国全国年度工业产能利用率（2006—2017 年）**

资料来源：国家统计局。

国际金融危机以来，中国制造业面临的产能过剩问题呈现出一些新情况和新特点，突出表现为时间更长、行业更广、程度更深。

从时间上看，国际金融危机以来的中国制造业产能过剩问题已经从阶段性转变为长期性。在经历长达 30 多年的高速增长后，中国工业化进程步入后期阶段，中国经济增长率下降，大多数重化工行业的需求高峰已过，试图等待经济形势复苏后依靠快速经济增长来化解产能过剩的可能性已很小。因此，虽然以前产能过剩问题都是随着新一轮经济高速增长而被化解，但国际金融危机后的中国产能过剩问题依然试图通过这个路径化解的可行性较小。这就要求从根本上进行结构性改革，来化解产能过剩。表 5—1 为自 2009 年以来中国政府各部门颁布的与产能过剩问题直接相关的各项政策。从表5—1中可以看出，自2009年到2017年，一直都有关于产能过剩问题相关的政策出台，这里只是列举了若干政策。中共十八届三中全会明确提出"要建立化解产能过剩的长效机制"。2015年中央经济工作会议要求按照企业主体、政府推动、市场引导、依法处置的办法研究制定全面配套的政策体系。2016年和2017年政府工作报告连续强调坚持市场倒逼、企业主体的方针，更多运用市场化法治化手段，严控新增产能，实现落后产能的有序退出。2017年中央经济工作会议要求继续推动钢铁、煤炭行业化解过剩产能，用市场、法治的办法做好产能严重过剩行业去产能工作。这从一个角度表明，化解产能过剩一直是中央政策文件和政府出台产业政策关注的一个重要任务，产能过剩问题具有长期性。这意味着从国际金融危机算起，中国化解产能过剩已经推进了10多年，化解产能过剩成为一项长期任务。

表5—1　　　　　　近年来中国出台化解过剩产能的主要政策

| 时间 | 政策 | 部门 |
| --- | --- | --- |
| 2009年9月26日 | 《国务院批转发改委等部门关于抑制部分行业产能过剩和重复建设引导产业健康发展的若干意见》 | 国务院 |
| 2010年2月6日 | 《关于进一步加强淘汰落后产能工作的通知》 | 国务院 |
| 2010年10月13日 | 《部分工业行业淘汰落后生产工艺装备和产品指导目录》 | 工业和信息化部 |
| 2011年4月18日 | 《关于做好淘汰落后产能和兼并重组企业职工安置工作的意见》 | 人力资源和社会保障部 |
| 2011年4月20日 | 《淘汰落后产能中央财政奖励资金管理办法》 | 财政部、工业和信息化部、国家能源局 |

续表

| 时间 | 政策 | 部门 |
|---|---|---|
| 2011 年 4 月 26 日 | 《国务院关于发布实施〈促进产业结构调整暂行规定〉的决定》 | 国务院 |
| 2012 年 5 月 4 日 | 《国务院办公厅转发发展改革委等部门关于加快培育国际合作和竞争新优势指导意见的通知》 | 国务院办公厅 |
| 2013 年 10 月 15 日 | 《国务院关于化解产能严重过剩矛盾的指导意见》 | 国务院 |
| 2013 年 11 月 5 日 | 《贯彻落实国务院关于化解产能严重过剩矛盾的指导意见》 | 国家发改委和工信部 |
| 2014 年 4 月 10 日 | 《国务院关于化解产能严重过剩矛盾的指导意见》 | 银监会 |
| 2014 年 4 月 14 日 | 《水泥单位产品能源消耗限额》 | 国家发改委、工信部 |
| 2014 年 7 月 31 日 | 《部分产能严重过剩行业产能置换实施办法》 | 工信部 |
| 2015 年 5 月 7 日 | 《关于严格治理煤矿超能力生产的通知》《做好 2015 年煤炭行业淘汰落后产能工作的通知》 | 国务院、国家能源局、国家煤矿安监局 |
| 2015 年 5 月 16 日 | 《关于推进国际产能和装备制造合作的指导意见》 | 国务院 |
| 2016 年 2 月 1 日 | 《国务院关于钢铁行业化解过剩产能实现脱困发展的意见》《国务院关于煤炭行业化解过剩产能实现脱困发展的意见》 | 国务院 |
| 2016 年 5 月 5 日 | 《国务院办公厅关于促进建材工业稳增长调结构增效益的指导意见》 | 国务院办公厅 |
| 2017 年 4 月 17 日 | 《关于做好 2017 年钢铁煤炭行业化解过剩产能实现脱困发展工作的意见》 | 发改委、工信部、财政部等 23 部委 |

资料来源：根据中国社会科学院工业经济研究所编 2013—2017 年《中国工业发展报告》整理。

从行业分布看，国际金融危机之后与之前相比，中国制造业面临的产能过剩涉及面更广，中国工业行业的产能过剩从局部行业、产品的过剩转变为全局性过剩。2009 年国务院发布的《关于抑制部分行业产能过剩和重复建设引导产业健康发展若干意见的通知》（国发〔2009〕38 号）指出，"不仅钢铁、水泥等产能过剩的传统产业仍在盲目扩张，电解铝、造船、大豆压榨等行业产能过剩矛盾也十分突出，风电设备、多晶硅等新兴产业也出现了重复建设倾向"；2012 年中央经济工作会议指出：除了钢铁、水泥、平板玻璃、煤化工、造船等传统行业产能大量过剩外，氮肥、电石、氯碱、甲醇、塑料等一度热销的化工产品也因为产大于需而销售困难；铜、铝、铅锌冶炼等有色金属行业生产形势低迷，产能过剩问题凸现，甚至多晶硅、风电设备等新兴产业领域的产品也出现产能过剩，大型锻件也存在产能过剩的隐忧。

从产能过剩的程度看，国际金融危机以后部分行业产能过剩的程度十分严重。2013 年 10 月发布的《国务院关于化解产能严重过剩矛盾的指导意见》指出，2012 年年底中国钢铁、水泥、电解铝、平板玻璃、船舶产能利用率分别仅为 72%、73.7%、71.9%、73.1% 和 75%，明显低于国际通常水平。到 2015 年，各个重点行业产能利用率进一步下降，如表 5—2 所示，粗钢、煤炭、平板玻璃和造船的产能利用率都低于 70%。在经过 2016 年、2017 年的供给侧结构性改革后，虽然工业产能利用率得到改善，2017 年提高到 77%，中国的工业生产者价格指数也在经历了连续 54 个月负增长后，在 2016 年 9 月由负转正，但是，中国结构性矛盾主要还是在供给侧。2018 年中央经济工作会议提出进一步深化供给侧结构性改革，提出巩固"三去一降一补"的成效。因此，继续化解过剩产能，仍是未来中国一项重要经济工作任务。

表 5—2　中国主要产能过剩工业品年总产量及产能利用率（2015 年）

| 工业品种类 | 年总产量 | 产能利用率（%） |
|---|---|---|
| 粗钢 | 8.038 亿吨 | 67.00 |
| 煤炭 | 37 亿吨 | 64.90 |
| 水泥 | 31.8 亿吨 | 73.80 |
| 平板玻璃 | 7.39 亿重量箱 | 67.99 |
| 电解铝 | 3141 万吨 | 75.40 |
| 造船 | 造船完工量 4184 万载重吨 | <70.00 |

资料来源：中国社会科学院工业经济研究所：《中国工业发展报告（2017）》，经济管理出版社 2017 年版，第 86 页。

## ◇ 二　制造产能何以过剩

看似简单的产能过剩，之所以成为中国经济发展的"痼疾"，其背后有着深刻复杂的原因，有市场自身供求关系变化引起的经济周期波动方面的原因，但更为关键的是中国经济体制亟待改革、经济发展方式亟须转变。在中国，社会主义市场经济体制还不成熟，政府主导的投资驱动经济增长方式还是"主流"，长期以来不仅造成大量的低水平重复建设，甚至一些所谓高端产业也由于一哄而上出现了产能过剩。

周期性产能过剩既然是随着宏观经济波动而在经济的衰退期形成的，那么就是各个国家普遍存在。如表 5—3 所示，从美联储公布的美国工业产能利用率情况看，2009 年，受国际金融危机影响，美国产能利用率陷入自 1972 年以来的最低时期，2009 年工业产能利用率仅为 66.8%，不但低于 1972—2012 年的平均水平，也远低于 1990—

1991 年的水平。随着宏观经济上的逆周期调节政策，美国经济周期逐步走稳，产能利用率也有很大的提升，到 2012 年年底已恢复到接近 80% 的正常水平。同样，经济周期变化也是中国产能过剩产生的一个重要原因。如图 5—1 所示，在 2009 年，受国际金融危机影响，中国经济周期下行压力巨大，中国的产能利用率只有 73.1%，这也是自 2006 年至今产能利用率最低的年份。宏观经济周期的影响不可小觑。

表5—3　　　　　　　　　美国工业产能利用率变化情况　　　　　　单位:%

| | 1972—2012 平均 | 1988—1989 (高) | 1990—1991 (低) | 1994—1995 (高) | 2009 (低) | 2012.1 | 2012.12 | 2013.2 |
|---|---|---|---|---|---|---|---|---|
| 全部工业 | 80.2 | 85.2 | 78.8 | 85.0 | 66.8 | 78.1 | 79.3 | 79.6 |
| 制造业 | 78.8 | 85.6 | 77.3 | 84.6 | 63.8 | 76.1 | 78.2 | 78.3 |
| 采矿业 | 87.4 | 86.3 | 83.9 | 88.6 | 78.5 | 91.8 | 91.9 | 90.2 |
| 公用事业 | 86.0 | 92.9 | 84.3 | 93.3 | 79.1 | 75.6 | 70.9 | 75.4 |

资料来源：李晓华：《后危机时代我国产能过剩研究》，《财经问题研究》2013 年第 6 期。

但是，对于中国制造的产能过剩问题而言，学者们更关注的是有别于其他市场经济体制国家的形成产能过剩的体制性原因。因为周期性原因形成的产能过剩可以通过周期性波动来化解，在一定意义上，周期性产能过剩也是市场经济运行一个十分正常的现象，随着周期波动而生，在逆周期调节政策作用下，也随着周期波动而消失。对于体制性原因导致的产能过剩而言，如果体制原因没有消除，只治标不治本的政策作用空间不大。中国产能过剩问题在很大程度上是由于体制机制原因形成的，在我们无法从根本上转变 GDP 导向的政府业绩观的前提下，地方政府投资冲动难以遏制，不仅旧的过剩产能难以被消化，例如，试图通过兼并重组消化一部分产能，通过产业政策淘汰一部分产能，在实际推进过程中往往难度很大，政策常常被执行走样，或者上有政策，下有对策。而且，新的过剩产能还会不断被制造出来，甚至包括所谓战略性新兴产业。具体而言，造成中国产能过剩的深层次体制原因包括以下五个方面。

第一，长期形成了投资驱动的经济增长模式，是导致众多工业投资品行业产能过剩的直接原因。在政府对经济增长率片面追求业绩观的指导下，中国经济增长在很大程度上是依靠投资和出口需求共同驱动。但是这种模式具有不可持续性，一方面，该模式极大地压抑了国内终端消费需求，另一方面又在不断地给工业中的投资品行业提供了强烈的市场需求和通过投资扩大生产能力的信号，最终极易导致工业品产能过剩。

第二，政府干预破坏了要素市场的价格信号，导致供求关系的混乱，从而形成了产能过剩。在各地大力推动经济增长的过程中，地方政府采用土地优惠、税收优惠、能源价格优惠甚至提供财政资助等补贴措施，以及帮助企业获取贷款等手段进行招商引资竞争，导致了市场机制和市场自身功能的严重缺失。在片面追求 GDP 驱动下，政府对土地、劳动力、资金、矿产资源、生态环境等要素价格的不合理定价，造成资源过度开采、土地过度开发、环境过度使用、资本过度重化工业化，最终体现在工业产能过剩上。

第三，虽然经过多年的国企改革，但政府对国有企业具有很大的干预，大量的地方平台公司成为政府的第二财政，这再叠加上国有企业所固有的"软预算约束"，最终导致一大批国有企业具有"投资饥渴"和"扩张冲动"，最终在产能过剩行业进行大量投资。实际上，这些年产能严重过剩的重化工行业中，国有企业是产能过剩的主力军。与中国快速工业化进程、投资驱动高速增长、粗放的经济增长方式相适应，一直以来中国国有经济发展方式以投资驱动的规模扩张为主导。在经济高速增长的大环境下，企业面临众多的发展机会，模仿型排浪式消费需求和大规模的基础设施投资需求，使得"跨越式"发展成为多数企业追求而且可以实现的发展战略目标。与民营企业的企业家机会导向驱动的"跨越式"发展方式不同，主客观条件使得国有企业更多地倾向选择投资驱动的"跨越式"发展方式：一是国家赋予国有企业承担国家安全、经济赶超等方面的国家使命，需要涉及国家安全行业、自然垄断行业、重要公共产品和服务行业、经济支柱和高新技术产业中的国有企业在规模上迅速扩张，与大型国外跨国公司抗衡。二是地方政府出于税收和地方经济发展业绩的需要，对地方国有企业迅速规模扩张有很大的需求。三是由于政府官员的任期制和国有企业企业家的组织任命制，国有企业决策者有更强的依靠投资快速扩张的动机。长期实践下来，国有企业也就更习惯于这种投资驱动的"跨越式"发展方式。四是经过国有经济战略性重组，与中国快速工业化进程相适应，国有企业大多处于需要高投资的重化工业。五是在融资体制机制上，国有企业具有得到大规模投资的更多的便利性。①

第四，政府采用强选择性产业政策，也成为导致产能过剩的一个重要原因，尤其是对于战略性新兴产业。长期以来中国政府习惯于强选择性产业政策干预市场，中国产业政策重点是政府通过补贴、税收、法规等形式直接支持、扶持、保护或者限制某些产业的发展，以加快产业结构转型升级、实现经济赶超，往往倾向于扶持国有大企

---

① 黄群慧：《"十三五"时期新一轮国有经济战略性调整研究》，《北京交通大学学报》（社会科学版）2016 年第 2 期。

业、鼓励企业兼并提高集中度、抑制产能过剩和防止过度竞争、补贴战略性新兴产业和激励技术创新等。应该说，这些政策发挥了其在工业化初中期的经济赶超功能，但是，也产生了一系列问题，而产能过剩问题就是一个体现。尤其是近些年，产业政策不当干预是导致以光伏产业为代表的新兴产业出现严重产能过剩的重要原因。同样，新能源汽车的过度补贴，还引起多家汽车企业严重"骗补"问题。可以预计，如果新能源汽车政策过强，在不久的将来，新能源汽车也可能会产生产能过剩问题。实际上，到 2018 年，中国汽车整体销售 20 年来首次出现负增长，虽然因为牌照问题，新能源汽车销量还是大幅增长，但汽车产业的产能过剩问题为期不远。

第五，产能过剩的深层次体制原因也可以归结为地方政府的地方保护主义。地方政府追求自己的经济快速增长，是中国经济增长奇迹的一个重要原因，但也有其负面效应。地方政府为了本地区 GDP 和财政收入，易出现以地方保护为特征的道德风险问题，地方政府倾向于向本地区的企业提供保护性措施（如政府购买和补贴），提高外来企业产品进入本地市场竞争的壁垒，为在本地投资企业提供各种投资便利条件，最终形成"诸侯经济"现象。从本地区利益出发的大量投资，最终会在全国形成盲目投资和重复建设，成为产能过剩的重要原因。

以上深层次体制问题的种种表现，在现有政府治理经济体系下，无法短期内解决。在体制机制问题无法解决的背景下，面对严重的产能过剩问题，政府治理政策还有可能导致越治理越过剩。一方面，化解过剩产能的市场机制短期内难以建立，市场竞争的优胜劣汰机制无法成为化解过剩产能最为有效的工具，在市场出现过剩产能时市场竞争不能把过剩产能较快清理出市场，破产机制作为市场经济体制中化解过剩产能最为重要的金融和法律途径，不能很好地发挥作用。另一方面，上级政府越来越倾向于强化问责制和行政上的组织领导等手段强制淘汰落后产能，但是，由于淘汰数量标准过于主观、人为设定的技术标准、粗暴的行政手段，虽然短期可以达成市场平衡，但过后产能过剩死灰复燃，再次出现，又重复新一轮的行政关停。

## ◇◇ 三　治理产能过剩

中国制造业的产能过剩既有周期性原因，又有体制性原因。面对这种复杂的产能过剩问题，有效治理是一个巨大挑战，而要有效治理，只有"标本兼治"方为上策。可以认为，政府通过短期的行政化措施化解产能过剩，基本都是治标的措施，而只有市场化、法制化的措施才是治本的措施。表5—4比较了两类措施的基本特征。

表5—4　　　产能过剩"标本兼治"：市场化手段与行政化手段比较

| | 市场化手段化解产能过剩 | 行政化手段化解产能过剩 |
|---|---|---|
| 目标 | 供求平衡，避免严重和持续的产能过剩 | 供求平衡，解决特定行业严重的产能过剩 |
| 震动幅度 | 市场自动调整，连续微调，产能振幅小 | 政府措施强制淘汰，非连续调整，产能振幅大 |
| 适用领域 | 不严重的产能过剩，体制性、供给侧因素导致的产能过剩 | 周期性、需求侧因素导致的严重产能过剩，外部性等致使市场偏离均衡导致的产能过剩 |

续表

| | 市场化手段化解产能过剩 | 行政化手段化解产能过剩 |
|---|---|---|
| 动力 | 源于企业内在逐利动力和外部竞争压力，内在激励和主动性强 | 源于中央政府通过产业政策、行政规定以及对政策执行者的强制要求，由具有增长偏好的地方政府实施，缺乏内在激励和主动性 |
| 淘汰次序 | 外部约束健全条件下，市场自动选择淘汰次序，落后产能因为不符合监管要求和缺乏市场竞争力被率先淘汰，落后程度越高的越先被淘汰 | 政府根据相关政策和标准选择淘汰次序，确定淘汰对象，不符合标准产能的均被列入淘汰之列 |
| 手段 | 根据外部约束和市场竞争，企业自主决定减少或扩大产能，主要依靠企业自主投资、决策等选择性手段 | 政府根据相关政策和判断、偏好，采取压缩产能、总量控制以及限制准入、限制要素供给、从严把握项目审批、淘汰落后装置等强制性手段，从外部给企业施加压力或强制性要求，迫使企业减少产能 |
| 效果 | 可以形成产能的自我抑制机制，有利于避免严重和持续的产能过剩，可以持续不断地调节产能因而不会频繁出现严重的过剩，长期效果好，但对于已经出现的严重产能过剩短期难以见效，具体效果取决于外部约束和政府监管是否到位 | 严重的产能过剩可能得到短期和较快的纠正，但不能自我抑制，产能边压边增，被淘汰的产能容易死灰复燃，甚至陷入越控制总量、投资越踊跃、产能越过剩的恶性循环，政府预测和选择经常与市场实际需求有偏差 |

资料来源：刘戒骄、王振：《市场化化解产能过剩的原理与措施分析》，《经济管理》2017 年第 6 期。

从政府主体推进化解产能过剩看，经过多年的实践，已经形成了一套基本政策体系。从政策的指导思想上看，是"分业施策、综合施治"。所谓"分业施策"，就是要抓住重点过剩行业集中采取针对性措施进行治理。例如在 2012 年，中国钢铁、水泥、平板玻璃、电解铝和造船行业的产能利用率都只在70%左右，需要重点治理，其中钢铁和造船行业产业集中度低的问题比较突出，需要通过积极推进兼并重组实现产能整合；电解铝和平板玻璃行业的技术准入门槛低，需要尽快提高技术准入标准抑制低水平的重复建设；水泥行业则可以重点通过提高节能门槛限制落后产能增长；等等。

所谓"综合施治"，就是要采用"限制、消化、转移、整合、淘汰"多管齐下的"鸡尾酒疗法"来综合治理产能过剩。（1）关于"限制"，具体措施包括严格限制项目的审批和开工，这可以通过提高产能过剩行业准入的能耗、物耗、环境保护等方面的准入门槛，对新兴产业及时建立和完善准入标准，通过严把项目审批、土地、环评等行政审批关口，停止新项目的审批、禁止审批通过项目的开工、在建项目停工，从而控制住产能过剩行业的固定资产投资、抑制产能的扩张，从而从源头上抑制投资的过快增长，特别是新的落后产能的形成。（2）关于"消化"，就是通过扩大和创造内需消化一批产能，尤其是针对那些代表着市场需求和产业发展方向的重点战略性新兴产业，包括光伏、风电等产业出现的产能过剩，节能绿色产品、信息服务和产品等应该是通过消费政策刺激内需的重点方向。具体可以通过加大应用示范性项目建设、政府采购、消费品对消费者的直接补贴以及投资品对企业用户的国产首台（套）装备风险补偿等措施，在消化过剩产能的同时，帮助企业渡过难关，也能使产业的核心能力得到保护和延续。（3）关于"转移"，意味着通过加快企业"走出去"步伐向境外转移一批产能。这也是在"一带一路"倡议下积极推进国际产能合作的一个初衷。向国外转移生产能力，不仅仅能够化解过剩产能，还具有规避贸易壁垒、减轻贸易摩擦的优势，另外还有利于那些因国内成本上涨而丧失竞争力的企业持续发展。2015年5月国务院颁布的《关于推进国际产能和装备制造合作的指导意见》，就是旨在促进中国企业"走出去"、化解过剩产能。这里需要指出的是，过剩产能并不等于落后产能。相对于中国国内需求而言是过剩产能，但相对于其他发展阶段的国家而言，有可能正是所需要的。因此，"转移"过剩产能其实对于双方而言是共赢的。（4）关于"整合"，是指通过推动企业兼并重组整合一批产能，这可以和深入推进国有经济战略性重组结合起来。2013 年 1 月 22 日，工信部、发改委等国务院促进企业兼并重组工作部际协调小组 12 家成员单位联合发布《关于加快推进重点行业企业兼并重组的指导意见》，提出了汽车、钢铁、水泥、船舶、电解铝、稀土、电子信息、医药和农业产业化九大行业和领域兼并重组的主要目标和重点任务，旨在加快推进产能过剩行业的兼并重组。一些治理具体行业产能过剩的政策也把兼并重组作为重要举措，例如，《关于遏制电解铝行业产能过剩和重复建设引导产业健康发展的紧急通知》提出在不增加电解铝产能的前提下，国家将继续支持企业以资产为纽带、以资源为保障、以技术为支撑的跨行业、跨地区、跨所有制的联合重组。《关于抑制产能过剩和重复建设引导平板玻璃行业健康发展的意见》提出在项目核准、土地审批、信贷投放、税收减免等方面支持优势企业，鼓励企业少建新线、多兼并重组。（5）关于"淘汰"，是通过关停并转淘汰一批落后产能，2010 年《国务院关于进一步加强淘汰落后产能工作的通知》对产能过剩行业坚持新增产能与淘汰产能"等量置换"或"减量置换"的原则，严格环评、土地和安全生产审批，遏制低水平重复建设，防止新增落后产能；改善土地利用计划调控，严禁向落后产能和产能严重过剩行业建设项目提供土地。针对水泥、平板玻璃等产能过剩重点行业的文件，也将淘汰落后产能作为治理产能过剩的重要举措。2012 年，中国共下达 19 个工业行业淘汰落后产能目标任务，2013 年进一步加大这方面工作力度，将钢铁、水泥、电解铝、平板玻璃、船舶等行业作为该年工作的重点。通过综合施策，尤其是"三去一降一补"的供给侧结构性改革的政策，中国"去产能"进展顺利，2016—2017 年，共退出煤炭产能 5.4 亿吨，化解钢铁产能 1.2 亿吨，淘汰"地条钢"1.4亿吨，淘汰、停建、缓建煤电产能 6500 万千瓦。2018 年 1—9 月，钢铁进一步去产能超过 0.2 亿吨，基本完成"十三五"确定的目标，煤炭去产能 5.5 亿吨，完成目标任务 70%，钢铁、煤炭产能利用率分别从 2016 年的 72.3% 和 59.5% 提升至 2018 年的 78.7% 和 71.4%。①

从治本上看，关键是通过制度创新破除产能过剩或落后产能形成的深层次体制根源，建立市场化、法治化的长效机制。党的十八届三中全会明确提出要建立化解产能过剩的长效机制。2015 年中央经济工作会议要求按照企业主体、政府推动、市场引导、依法处置的办法研究制定全面配套的政策体系。2016 年和 2017 年政府工作报告连续强调坚持市场倒逼、企业主体的方针，更多运用市场化、法治化手段，严控新增产能，实现落后产能的有序退出。2017 年中央经济工作会议要求继续推动钢铁、煤炭行业化解过剩产能，用市场、法治的办法做好产能严重过剩行业去产能工作。这些都对建立市场化机制化解过剩产能提出了要求、指明了方向。要达到这样的目标，首先，要深化行政体制改革和政府投融资体制改革，解决地方政府绩效考核体系不合理、政府职能越位、行政垄断等问题。这其中有两个问题至关重要，一是要改变唯 GDP 导向的业绩考核观，适当降低 GDP 的权重，强调社会福利、环境保护对政府的强约束；二是要积极推进财税体制

---

① 黄汉权：《"八字方针"为供给侧结构性改革定向指航》，《经济日报》2018 年 12 月 28 日。

改革，一方面要重新构建中央和地方的税收体系，另一方面还要稳步推进地方财政预算、决算公开，主动接受公众和新闻媒体对预算执行情况的监督，增强政府预算的全面性、严肃性和权威性。同时把国有企业的收入纳入预算管理，提高利润上缴的比例，严格控制国有企业负债率，严禁国有企业把资金投向生产能力过剩的行业、非主营业务领域。其次，要完善市场体系，更好地发挥市场价格在资源配置中的基础性作用。要深化要素市场化改革，重点推进土地、重要矿产资源、能源、水资源等要素价格改革，使得要素价格能够反映要素稀缺程度；要建立和完善生态环保的补偿机制，企业生产的环境成本必须完全内化到企业的生产成本中。最后，完善市场进入与退出机制，形成有利于化解产能过剩问题的良性动态规制过程。要建立科学严格的市场进入壁垒，不断优化节能减排和生产技术标准，保证标准的严肃性，严格禁止未达到标准的投资者进入市场；要设计有效的退出机制，结合行业现状和发展趋势，确定落后产能标准，建立落后产能退出的财政补贴和奖励机制，将各个利益相关方因淘汰落后产能造成的损失控制在能够接受的范围内，尤其是建立有利于落后产能退出的劳动就业、社会保障机制和金融风险控制机制。

第 六 章

# 制造业技术创新

技术创新是中国的"阿喀琉斯之踵"。中国制造业发展的瓶颈是技术创新，无论是强化"工业四基"——核心基础零部件（元器件）、先进基础原材料、关键基础工艺以及行业共性基础技术，还是推进制造业全球价值链从低端向高端攀升，都有赖于提高技术创新能力。更进一步，只有通过制造业创新效应的发挥，中国经济才能转变发展方式，从投资驱动转向创新驱动，实现动力变革后走向高质量发展。因此，提高创新能力，突破创新瓶颈，不仅是制造业发展的关键，更是中国经济转向高质量发展的必然要求。

## ◇ 一 "阿喀琉斯之踵"

虽然马克思总是把技术创新看成推动社会发展的有力杠杆，看成最高意义上的革命力量，认为技术创新在推动社会发展中具有巨大作用，但马克思没有给予创新一个严格的界定。基于学者们对马克思的研究，可以认为马克思将创新定义为现实的人针对新的现实情况，有目的地从事的一种前人未曾从事过的创造性的、复杂性的高级实践活动，是人的自觉能动性的重要体现。对应物质生产实践、社会关系实践与科学实验这三种人类实践活动的基本形式，创新主要有技术创新、制度创新、科学创新三种基本形式。通过科学创新可以将科学知识转化为生产力，引发生产工具变革从而推动生产关系的变革。马克思认为，技术作为一种渗透性的生产要素，通过提高劳动者的能力、促进资本积累以及改进劳动资料特别是生产工具，把巨大的自然力和自然科学并入生产过程，使生产过程科学化，进而对提高生产力、促进经济发展具有巨大的促进作用。[1]

在当代西方经济学发展中，"创新"一词最早是由美国经济学家熊彼特于1912年出版的《经济发展理论》一书中提出的。熊彼特的创新理论所提到的创新是"建立一种新的生产函数"或者是"生产要素的新的组合"，具体表现形式包括开发新产品、使用新的生产方法或者工艺、发现新的市场、发现新的原料或半成品、创建新的组织管理方式等，把"创新"和因"创新"而使经济过程发生的变化，以及经济体系对"创新"的反映称为经济发展。西方经济学关于创新问题的理论学派林立，新古典增长理论（外生增长理论）、新增长理论（内生增长理论）、演化经济理论等从不同视角论述技术进步对经济增长的意义以及内在机理，构成了庞杂的理论体系。[2]

中华人民共和国成立以来的各个时期的经济发展实践表明，科技进步和技术创新工作的发展与中国的经济增长和健康发展紧密相关。中华人民共和国成立之初，科技水平总体上落后西方发达国家近百年，

---

[1] 相关研究可以参阅刘红玉《马克思的创新思想研究》，博士学位论文，湖南大学，2011年；庞元正《从创新理论到创新实践唯物主义》，《中共中央党校学报》2006年第6期；舒远招《马克思的创造概念》，《湖南师范大学社会科学学报》1998年第5期。

[2] 黄群慧：《论中国特色社会主义创新发展理念》，《光明日报》2017年9月5日。

经济更是"一穷二白";1949 年以后,中国共产党开始号召在国外的中国科学家回国并培育自己的知识分子和工业化人才,1956 年党中央又向全党全国发出"向科学进军"的号召,到 1966 年,中国工业化奠定了初步基础;1966—1976 年"文化大革命"期间,由于"四人帮"的疯狂破坏,我国的科技水平与世界先进水平不断拉大,中国国民经济一度濒于崩溃;1978 年 3 月 18 日,党中央召开全国科学大会,邓小平同志提出四个现代化关键是科学技术的现代化、科学技术是第一生产力、科学技术工作者是劳动者等重要论断,"科学技术是第一生产力"成为指导中国科技创新和经济发展的核心理念;1995 年 5 月 6 日,中共中央、国务院作出《关于加速科学技术进步的决定》,提出科教兴国战略;进入 21 世纪,党中央又创造性地提出建设创新型国家的重大决策,而与这一系列对科技创新重视相伴随的是改革开放几十年的经济高速增长。

以习近平同志为核心的党中央提出的创新、协调、绿色、开放、共享的五大发展理念回答了中国发展的动力、方法论原则及关于发展的一些重大问题。以创新发展理念为指导,落实中国特色社会主义的创新发展理念的总体战略规划主要包括《中华人民共和国国民经济和社会发展第十三个五年(2016—2020 年)规划纲要》和《国家创新驱动发展战略纲要》《"十三五"国家科技创新规划》《中国制造2025》等。围绕创新发展战略,中国已经形成庞大的促进创新的政策体系。当前创新政策的体系涵盖科研机构、高校、企业、中介机构等各类创新主体,覆盖了从基础研究、技术开发、技术转移到产业化等创新链条的各个环节,包括科技政策、财政政策、税收政策、金融政策、知识产权、产业政策、竞争政策、教育政策等多样化的政策工具。党的十八大以来,围绕创新驱动发展战略,国家出台了一系列法律和政策，主要包括：《中华人民共和国促进科技成果转化法》《中共中央 国务院关于深化体制机制改革加快实施创新驱动发展战略的若干意见》《国务院关于大力推进大众创业万众创新若干政策措施的意见》《深化科技体制改革实施方案》《关于国家重大科研基础设施和大型科研仪器向社会开放的意见》《关于改进加强中央财政科研项目和资金管理的若干意见》《关于深化中央财政科技计划（专项、基金等）管理改革的方案》《关于深化人才发展体制机制改革的意见》《国务院关于新形势下加快知识产权强国建设的若干意见》《工业和信息化部关于产业创新能力发展规划（2016—2020 年)》，等等。这些政策对于实施创新驱动发展战略、破除体制机制障碍、创新人才培育和使用机制完善产生了很好的效果。

在《国家创新驱动发展战略纲要》中，中国实施创新驱动战略、建设创新型国家被规划为三步：2020 年进入创新型国家行列、2030 年跻身创新型国家前列、2050 年建成世界科技创新强国。[①] 可以从指标上梳理这三个阶段的核心要求。

第一阶段，到 2020 年进入创新型国家行列，基本建成中国特色国家创新体系，有力支撑全面建成小康社会目标的实现，该阶段的核心评价指标包括：（1）创新型经济格局初步形成。若干重点产业进入全球价值链中高端，成长起一批具有国际竞争力的创新型企业和产业集群。科技进步贡献率提高到 60% 以上，知识密集型服务业增加值占国内生产总值的 20%。（2）自主创新能力大幅提升。形成面向未来发展、迎接科技革命、促进产业变革的创新布局，突破制约经济社会发展和国家安全的一系列重大瓶颈问题，初步扭转关键核心技术长期

---

① 《中共中央 国务院印发〈国家创新驱动发展战略纲要〉》，《人民日报》2016 年 5 月 20 日。

受制于人的被动局面，在若干战略必争领域形成独特优势，为国家繁荣发展提供战略储备、拓展战略空间。科学研究与试验发展（R&D）经费支出占国内生产总值比重达到2.5%。（3）创新体系协同高效。科技与经济融合更加顺畅，创新主体充满活力，创新链条有机衔接，创新治理更加科学，创新效率大幅提高。（4）创新环境更加优化。激励创新的政策法规更加健全，知识产权保护更加严格，形成崇尚创新创业、勇于创新创业、激励创新创业的价值导向和文化氛围。

第二阶段，到2030年跻身创新型国家前列，发展驱动力实现根本转换，经济社会发展水平和国际竞争力大幅提升，为建成经济强国和共同富裕社会奠定坚实基础。该阶段的关键评价指标包括：（1）主要产业进入全球价值链中高端。不断创造新技术和新产品、新模式和新业态、新需求和新市场，实现更可持续的发展、更高质量的就业、更高水平的收入、更高品质的生活。（2）总体上扭转科技创新以跟踪为主的局面。在若干战略领域由并行走向领跑，形成引领全球学术发展的中国学派，产出对世界科技发展和人类文明进步有重要影响的原创成果。攻克制约国防科技的主要瓶颈问题。科学研究与试验发展（R&D）经费支出占国内生产总值比重达到2.8%。（3）国家创新体系更加完备。实现科技与经济深度融合、相互促进。（4）创新文化氛围浓厚，法治保障有力，全社会形成创新活力竞相迸发、创新源泉不断涌流的生动局面。

第三个阶段，到2050年建成世界科技创新强国，成为世界主要科学中心和创新高地，为把中国建设成为富强民主文明和谐美丽的社会主义现代化国家、实现中华民族伟大复兴的中国梦提供强大支撑。该阶段的评价指标体系包括：（1）科技和人才成为国力强盛最重要的战略资源，创新成为政策制定和制度安排的核心因素。（2）劳动生产率、社会生产力提高主要依靠科技进步和全面创新，经济发展质量高、能源资源消耗低、产业核心竞争力强。国防科技达到世界领先水平。（3）拥有一批世界一流的科研机构、研究型大学和创新型企业，涌现出一批重大原创性科学成果和国际顶尖水平的科学大师，成为全球高端人才创新创业的重要聚集地。（4）创新的制度环境、市场环境和文化环境更加优化，尊重知识、崇尚创新、保护产权、包容多元成为全社会的共同理念和价值导向。

2016 年 8 月国务院颁发《"十三五"国家科技创新规划》，进一步对《国家创新驱动发展战略纲要》中提出的创新型国家建设目标和评价指标在"十三五"时期应该达到的目标提出了要求，如表 6—1 所示，除规划了研发投入强度、发明专利数量、论文发表数量等反映科学和技术本身能力发展的指标外，还特别强调了科技进步贡献率、知识密集型服务业增加值占 GDP 的比重等反映科技支撑经济社会发展的指标，还提出了更能反映科技创新质量的指标，典型如通过《专利合作条约》（PCT）途径提交的专利申请量比 2015 年翻一番等。

表 6—1 《"十三五"国家科技创新规划》提出的科技创新发展指标

| 指　　标 | 2015 年指标值 | 2020 年目标值 |
|---|---|---|
| 国家综合创新能力世界排名（位） | 18 | 15 |
| 科技进步贡献率（%） | 55.3 | 60 |
| 研究与试验发展经费投入强度（%） | 2.1 | 2.5 |
| 每万名就业人员中研发人员（人年） | 48.5 | 60 |
| 高新技术企业营业收入（万亿元） | 22.2 | 34 |
| 知识密集型服务业增加值占 GDP 的比重（%） | 15.6 | 20 |
| 规模以上工业企业研发经费支出与主营业务收入之比（%） | 0.9 | 1.1 |

| 指标 | 2015 年指标值 | 2020 年目标值 |
|---|---|---|
| PCT 专利申请量（万件） | 3.05 | 翻一番 |
| 每万人口发明专利拥有量（件） | 6.3 | 12 |
| 全国技术合同成交金额（亿元） | 9835 | 20000 |
| 公民具备科学素质的比例（%） | 6.2 | 10 |

资料来源：《国务院关于印发"十三五"国家科技创新规划的通知》，中华人民共和国科学技术部网站（http://www.most.gov.cn/mostinfo/xinxifenlei/gjkjgh/201608/t20160810_127174.htm）。

在创新发展理念指导、创新发展战略和规划引导、创新政策体系保证下，中国的技术创新能力取得了巨大的进步。无论是总体科技创新能力，还是产业创新能力，以及企业和产品创新能力，都在不断增强，科技创新支撑引领经济增长、促进产业升级、提高企业活力、改善民生的作用日益凸显。中国逐步掌握了一批关键技术，在载人航天、探月工程、载人深潜、超级计算机、百万千瓦级核电装备、大型飞机、大型液化天然气（LNG）船、高速轨道交通、云计算、部分行业应用软件等核心领域，集中力量突破了一批关键核心技术并进入世界先进行列；推动了高技术船舶、汽车发动机关键部件、高精度冷轧板、碳纤维等重点领域技术的研发和产业化；特高压输变电设备、百万吨乙烯成套装备、风力电机等部分领域装备产品技术水平已跃居世界前列，第一艘航母交接入列，大型快速高效数控全自动冲压生产线实现向发达国家批量出口，28 纳米芯片制程工艺进入量产，核心技术掌控能力显著增强。截止到 2015 年 12 月底，电子信息、装备制造、轻工、石化、钢铁、汽车、纺织、船舶、有色金属等九大行业发明专利申请总量超过 445 万件，"十二五"期间九大行业发明专利申请年均增长率达到 26%。①

但是，我们必须认识到，中国的科技创新能力还不强，技术创新能力与发达国家相比依然存在较大差距，部分关键核心技术及装备主要依赖进口，还需要抓住新一轮科技和产业革命的机遇实现快速提升。正如习近平总书记指出："虽然我国经济总量跃居世界第二，但大而不强、臃肿虚胖体弱问题相当突出，主要体现在创新能力不强，这是我国这个经济大块头的'阿喀琉斯之踵'。通过创新引领和驱动发展已经成为我国发展的迫切要求。所以，我反复强调，抓创新就是抓发展，谋创新就是谋未来。"② 之所以说通过创新引领和驱动发展已经成为中国发展的迫切要求，具体而言，至少有以下两方面的原因：一方面，从国内看，突破经济发展瓶颈、解决深层次矛盾和问题要依靠创新。改革开放以来，中国经济的持续高速增长主要得益于抓住全球产业转移的趋势，充分发挥了中国劳动力资源丰富的比较优势。但是近年来随着人口红利消退、工资水平上涨，中国基于低成本形成的国际竞争力被削弱。建立在初级生产要素基础上的旧动能渐趋耗尽，依靠劳动力、资源、土地投入的传统发展方式已难以为继。要化解经济发展中的瓶颈和深层次矛盾，实现经济增长方式的转型和经济社会持续健康发展，根本出路在于不断推进科技创新，不断解放和发展社会生产力，不断提高劳动生产率。另一方面，从国际上看，抓住新工业革命带来的赶超机遇需要依靠创新。当前，以大数据、云计算、物联网、机器人、人工智能、虚拟现实、新材料、生物科技等为

---

① 《工业和信息化部关于产业创新能力发展规划（2016—2020 年）》，国家发展改革委发展规划司网站（http：//ghs.ndrc.gov.cn/ghwb/gjjgh/201706/t20170622_852124.html）。

② 中共中央文献研究室编：《习近平关于社会主义经济建设论述摘编》，中央文献出版社 2017 年版，第 34 页。

代表的新技术蓄势待发，重大颠覆性技术不断涌现，将对传统产业的产品、商业模式和业态产生深刻的影响，并催生出许多新的产业领域。世界主要发达国家纷纷出台新的创新战略和政策，加强对人才、专利、标准等战略性资源的争夺，抓紧布局新兴技术、培育新兴产业。新的科技革命和产业变革给后发国家提供了"弯道超车"的机会。对于中国来说，现在科技和经济实力有了大幅度提升，已经具备抓住新一轮工业革命和产业变革机遇的条件，面对经济发展水平、技术和产业条件与新工业革命机遇的结合，中国比历史上任何时期都更接近实现"两个一百年"和中华民族伟大复兴的目标。因此，中国必须通过创新驱动抓住这个千载难逢的历史机遇。

## ◇ 二 跨越"中等收入陷阱"

上面我们论述了技术创新对经济增长的意义，本节我们需要聚焦技术创新对制造业转型升级及效率提升的重要意义。制造业创新与升级是制造业效率提升的动力，而制造业效率提升则是发展中国家跨越"中等收入陷阱"的决定性力量。

一般认为，"中等收入陷阱"是指一国跳出低收入国家行列后，人均收入增长长期停滞而无法向高收入国家收敛的一种稳态。[①] "中等收入陷阱"可以采用两种方法定义，一是采用绝对人均收入标准，世界银行将 2015 年人均收入处于 1026—12475 美元的国家定义为中等收入国家，如果这些国家长期滞留在此水平，则可认为其落入了"中

---

① 蔡昉：《"中等收入陷阱"的理论、经验与针对性》，《经济学动态》2013 年第 12 期。

等收入陷阱"。二是采用相对人均收入标准，即将中等收入经济体与同期高收入国家（一般是美国）的人均收入比长期维持在一定水平（20%—40%）称为"中等收入陷阱"。由于后发国家的工业化和经济发展本质上是对发达国家的赶超，因此相对人均收入标准更为科学。

我们曾进行过一项研究①，利用格罗宁根增长与发展中心（Groningen Growth and Development Centre，GGDC）数据库计算了拉美和东亚经济体与同期美国人均收入（均以 PPP 计算）的比值（见图6—1）。结果显示，从 20 世纪 70 年代到 2010 年，大部分拉美经济体的相对人均收入长期处于 20%—40%，陷入"中等收入陷阱"中。东亚经济体的表现则显著不同。1978 年，亚洲只有日本、中国香港和新加坡等少数经济体的相对人均收入超过了 40%；中国台湾和韩国的相对人均收入相继于 1989 年和 1991 年突破了 40% 的上限；马来西亚和泰国于 20 世纪 80 年代进入了中等收入区间，但在此之后长达约 20 年都没有突破 40%，面临陷入"中等收入陷阱"的风险。1978 年，中国的相对人均收入仅为 5.3%，与印度、巴基斯坦等国相当。2007 年，中国相对人均收入超过了 20%，标志着中国进入了中等收入国家行列。2010 年，中国相对人均收入达到了 26%，其水平相当于 20 世纪 50 年代末的日本，或者 20 世纪 70 年代末的中国台湾、20 世纪 80 年代初的韩国、20 世纪 90 年代初的马来西亚以及 21 世纪初的泰国。问题是为什么拉美这些国家会长期陷入"中等收入陷阱"不能自拔？而又是什么原因使得亚洲"四小龙"等东亚国家走出"中等收入陷阱"，创造"东亚奇迹"？进入中等收入阶段的中国如何才能跨越中等收入阶段，步入高收入国家行列？

---

① 黄群慧、黄阳华、贺俊、江飞涛：《步入中高收入阶段的中国工业化战略研究》，《中国社会科学》2017 年第 12 期。

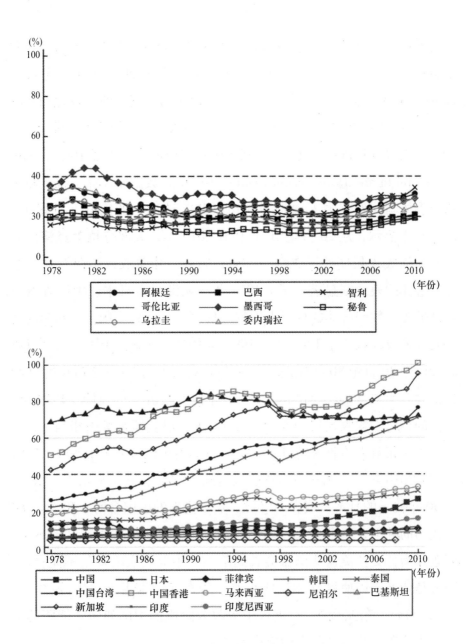

**图6—1 拉美和亚洲经济体相对美国的人均收入**

资料来源：黄群慧、黄阳华、贺俊、江飞涛：《面向中上等收入阶段的中国工业化战略研究》，《中国社会科学》2017年第12期。

大量的研究表明，拉美一些经济体陷入"中等收入陷阱"，与其加快推进城市化、过早去工业化直接相关。由于这些国家在推进激进的经济改革后开始"去工业化"，制造业所带来的技术渗透效应、产业关联效应和外汇储备效应都没有得到充分体现，取代制造业的可能是低技能、低生产率、低贸易度类型的服务业，这些服务业无法作为经济增长的新引擎来替代制造业的作用，使得这些国家无法通过高速增长实现经济赶超，从而陷入"中等收入陷阱"。我们的上述研究表明，日韩跨越"中等收入陷阱"的成功经验，就是在进入中等收入阶段后要更为重视科技创新在提升制造业生产效率中的基础性作用。自20世纪70年代后，日本抓住经济稳定发展对科技创新提出了新要求，逐步构建起了国家创新体系，其主要措施包括：对标美国和德国的科技投入水平，加大研发经费支出，重点发展面向未来的战略性新兴技术；提升自主开发技术的能力，从单向技术引进变成推进国际科技协作；强化国立研究机构的技术供给功能，建设筑波科学城；完善技术教育培训体制，增加技术人员供给；等等。进入80年代后，"为推进以基础研究为中心的富有创造性的研究开发"，日本在研究管理、研究人材（才）、研究开发基础设施以及科技信息活动等方面开展了系统性工作，实现了技术进步对经济增长的贡献达到40%以上。这一系列努力使得日本成为"国家创新体系"研究的经典案例。[①] 类似地，20世纪70年代末韩国平均工资年均增长率超过20%，采用劳动节约型技术成为制造业企业的现实选择。20世纪80年代后，韩国主要通过加大企业自主研发强度、引进国外先进技术和增加资本品进口等渠

---

① C. Freeman, "Japan: A New National System of Innovation," in G. Dosi, C. Freeman, R. Nelson, G. Silverberg, L. Soete (eds.), *Technical Change and Economic Theory*, London: Pinter Publishers, 1988, pp. 330 – 348.

道推动产业技术进步，"即便是在投资率停滞的情况下，韩国凭借技术创新推动了生产效率增长，为经济增长奠定了基础"①。可见，日本和韩国进入中等收入阶段后，面临着制造业传统比较优势弱化的挑战，并不是选择"去工业化"，而是持续加强资本深化和产业技术创新促进了制造业的生产效率提升。

日韩的经验表明，中等收入经济体可通过持续地培育和发展新兴产业，延伸产业链继续实现制造业的规模经济；可通过资本深化和加强产业创新体系建设，持续提升制造业的效率经济。对中国这样一个处于中等收入阶段、工业体系完备的世界工业大国而言，日本技术密集型产业生产效率快速提升和韩国高中低技术产业全面升级的经验都具有可取之处。中国进入中等收入阶段后，制造业的发展战略选择不是"去工业化"，而是如何在新时代的技术经济条件下，改造和提升制造业的规模经济和效率经济，使其再次成为长期经济增长引擎。

实际上，改革开放以来中国经济高速增长的过程也是由创新所驱动的全要素生产率不断增长的过程。我们利用 KLEMS 数据库计算了中国制造业的累积 TFP 指数②，计算结果显示，过去 30 多年里，中国制造业效率提升较为明显。1981—2010 年，电子及通信设备、电气设备、化学品及化学制品、机械装备等技术密集型行业的 TFP 累积指数持续增长，带动了中国制造业累积 TFP 指数总体保持快速上升的趋势，从 1981 年的 71.0 增长至 2010 年的 110.0。然而，需要注意的是，以往中国的技术创新主要是相对于自身传统技术进步的模仿式创

---

① 参见朴永燮《经济转型与"中等收入陷阱"：韩国经验》，《经济社会体制比较》2013 年第 1 期。

② 黄群慧、黄阳华、贺俊、江飞涛：《步入中高收入阶段的中国工业化战略研究》，《中国社会科学》2017 年第 12 期。

新，而随着中国经济增长进入中等收入阶段，随着中国技术水平逐渐接近全球技术前沿，模仿式创新的难度越来越大，传统的发展模式遇到瓶颈，基于自主创新的效率提升的重要性和紧迫性日益凸显。计算2004—2007年和2008—2010年制造业TFP的平均变化发现，进入中等收入阶段后，中国制造业累积TFP指数平均增速有所下降，从2004—2007年的3.23%下降为2008—2010年的2.96%，下降了0.27个百分点。值得注意的是，18个主要制造业行业的TFP增速也出现了不同程度的下滑。另外一些实证研究结果也表明，2004—2013年，中国TFP年均增长率为-0.80%；2004—2008年，TFP年均增长率为0.58%；2009—2013年，TFP增长率平均值为-2.17%。[1]

制造业全要素生产率下降的趋势表明，中国制造业创新驱动发展的动力正在不断减弱，我们需要找到制约中国制造业技术创新的关键体制机制约束，通过新一轮的改革开放，加大推进制造业技术创新的力度，进一步释放制造业创新驱动发展的潜力和活力。基于创新生态系统理论，一个国家技术创新能力的提升，不仅需要研发资金和人才投入等要素数量的增加，更重要的是创新要素之间、创新要素与系统和环境之间动态关系优化，即整个创新生态系统的改善。因此，完善制造业创新生态对提升中国制造业创新能力、推进制造强国建设具有重要意义。[2]

一是修补制造业创新链，提高科技成果转化率。科技成果转化率低一直是中国创新能力不强的突出表现，一般工业发达国家的科技成

---

① 参见江飞涛、武鹏、李晓萍《中国工业经济增长动力机制转换》，《中国工业经济》2014年第5期。

② 黄群慧：《以供给侧结构性改革完善制造业创新生态》，《光明日报》2016年4月27日。

果转化率可达 30%—40%，而中国仅为 10% 左右。这其中一个关键原因是中国创新链在基础研究和产业化之间存在断裂或者破损。美国构造国家制造创新网络（NNMI）时，将制造技术基础研究到商业化生产之间划分为制造基础研究、概念验证研究、实验室试制、原型制造、生产条件能力培育、生产效率提升六个环节，提出 NNMI 旨在填补实验室试制、原型制造能力这两个环节的缺失。对于中国而言，由于受到科研事业单位体制机制约束，科研项目往往是以课题结项而非转为现实生产力为目标，这个问题更为突出。因此，深化供给侧结构性改革，打破科研事业单位体制机制约束，围绕行业需求整合现有创新载体和资源，构建新型制造业创新平台，开展行业前沿和竞争前共性关键技术、先进制造基础工艺等方面研发和产业化推进等方面工作，弥补技术研发与产业化之间的创新链缺失，对于提高科技成果转化率、强化制造业技术创新基础能力至关重要。

二是构建制造业创新网络，提高创新生态系统开放协同性。协同开放是有效创新生态系统的基本要求，但受体制机制约束，中国各类创新组织之间，包括政府、企业、高等院校、科研机构以及中介机构和社区组织，在创新信息分享、科技人才使用以及创新资本流动等方面开放协同性都远远不够。因此，推进供给侧结构性改革时要深化行政、事业和国有企业的体制机制改革，按照市场化原则，强化政府、企业、科研院所、高校等各方面创新主体充分互动，促进信息、人才和资金在各类组织之间有效流动，形成开放合作的创新网络和形式多样的创新共同体，从而有效利用全球各种组织的创新资源，完善创新条件，提升中国制造业创新能力和国际竞争力。

三是改善中小企业创新的"生态位"，提高中小企业制造创新能力。国外发达国家的经验表明，中小企业在制造创新生态系统中具有重要的地位，不仅是科研成果转化的主力，而且大多数颠覆性技术创新都是中小企业实现的。在制造业信息化成为制造业技术创新的主导趋势下，中小企业创新作用更为突出。但是，中国的中小企业创新"生态位"的位势比较低，无论是创新资金获取，还是科技成果来源，以及政府的产业政策倾斜，相比大型企业处于劣势地位，中小企业在技术创新中的作用还没有得到很好的发展。因此，推进供给侧结构性改革时要深化行政体制和科研体制改革，进一步完善"大众创业、万众创新"的环境，从而为中小企业创新能力提升创造更好的条件。

四是加强各层次工程技术人员培养，提高技术工人的创新能力。在制造业创新生态系统中，各层次工程技术人员的素质和能力是制造业基础工艺创新的决定性要素，世界工业创新强国都十分重视从领军人才到一线技术工人各个层次的工程技术人员的培养。对于中国而言，推进供给侧结构性改革时要重点深化教育体制改革，改变"工科院校理科化"和单纯重视精英型的培育引进的教育模式，转向同时关注工程师、高技能工人和一般产业工人通用技能提升的政策导向，重点是构建由企业、大学、技工学校和改革服务机构共同组成的终身学习体系，从而动态地保持创新生态系统的基础创新能力。

## ◇ 三　完善制造业创新体系

要完善制造业创新生态，完善制造业创新体系是关键。《中国制造2025》是中国工业领域第一个将完善制造业创新体系作为重要内容并进行详细论述的长期规划。《中国制造2025》提出要完善国家制造业创新体系的内容包括：（1）加强顶层设计，加快建立以创新中心为核心载体、以公共服务平台和工程数据中心为重要支撑的制造业创新网络，建立市场化的创新方向选择机制和鼓励创新的风险分担、利益共享机制。充分利用现有科技资源，围绕制造业重大共性需求，采取政府与社会合作、政产学研用产业创新战略联盟等新机制新模式，形成一批制造业创新中心（工业技术研究基地），开展关键共性重大技术研究和产业化应用示范。（2）建设一批促进制造业协同创新的公共服务平台，规范服务标准，开展技术研发、检验检测、技术评价、技术交易、质量认证、人才培训等专业化服务，促进科技成果转化和推广应用。（3）建设重点领域制造业工程数据中心，为企业提供创新知识和工程数据的开放共享服务。面向制造业关键共性技术，建设一批重大科学研究和实验设施，提高核心企业系统集成能力，促进向价值链高端延伸。[①]

《中国制造 2025》将制造业创新中心（工业技术研究基地）建设工程作为制造业创新体系建设的核心任务，即围绕重点行业转型升级和新一代信息技术、智能制造、增材制造、新材料、生物医药等领域创新发展的重大共性需求，形成一批制造业创新中心（工业技术研究基地），重点开展行业基础和共性关键技术研发、成果产业化、人才培训等工作，制定完善制造业创新中心遴选、考核、管理的标准和程序。具体目标包括：到 2020 年，重点形成 15 家左右制造业创新中心（工业技术研究基地）；到 2025 年形成 40 家左右制造业创新中心（工业技术研究基地）。2016 年工业和信息化部印发的《关于完善制造业创新体系，推进制造业创新中心建设的指导意见》进一步明确了制造

---

① 有关《中国制造 2025》的全文可参阅国家制造强国建设战略咨询委员会编著《中国制造 2025 蓝皮书（2016）》，中国工信出版集团、电子工业出版社 2016 年版。

业创新中心建设的具体机制——以企业为主体，产学研用相结合，采用企业法人等形式组建，探索并完善运行机制，形成内生发展动力。2016 年工信部等发布了《制造业创新中心工程建设实施指南（2016—2020 年)》，明确制造业创新中心主要职责：一是加强产业前沿和共性关键技术研发，面向制约制造业发展的技术瓶颈，发挥创新中心在前沿技术和共性关键技术供给中的核心载体作用，重点解决产业发展中产业共性技术供给不足问题；二是促进技术转移扩散和首次商业化应用，通过打通技术研发、转移扩散和产业化链条，形成以市场化机制为核心的成果转移扩散机制，加快推进科技成果的转移扩散和商业化应用；三是加强制造业创新人才队伍建设，以制造业创新中心为载体，通过推动校企合作、建立实训基地、开展学徒制试点示范等活动，为制造业发展提供多层次创新人才；四是提供制造业创新的公共服务，瞄准促进制造业创新的各类行业性公共服务平台建设不足的问题，为企业提供研发试验、检验检测、测试认证和技术转移等公共服务支持企业创新发展；五是积极开展国际交流与合作，通过项目合作、高水平技术和团队引进、联合研发、联合共建等形式，促进行业共性技术水平提升和产业发展。[①]

2016 年 6 月 30 日，中国首个国家级制造业创新中心"国家动力电池创新中心"在北京成立。国家动力电池创新中心由国联汽车动力电池研究院有限责任公司组建，该机构是由中国汽车工业协会倡导和组织、北京有色金属研究总院牵头发起，汇集天津力神、一汽、东风、长安、上汽、北汽、华晨、广汽等共同组建的产业技术协同创新

---

① 参见《制造业创新中心工程建设实施指南（2016—2020 年)》，中华人民共和国工业和信息化部网站（http://www.miit.gov.cn/n1146295/n1652858/n1652930/n3757016/c5215611/content.html)。

平台。2017 年 1 月，第二家国家级制造业创新平台"国家增材制造创新中心"由西安增材制造研究院有限公司筹建。接着，第三家国家级制造业创新中心"国家信息光电子创新中心"在武汉成立。2018 年 5 月，国家集成电路、智能传感器创新中心在上海成立，两个中心分别由复旦大学和上海微技术工业研究院牵头建造。

在国家推进制造业创新中心建设的同时，各省（自治区、直辖市）围绕"中国制造 2025"制造业创新中心（工业技术研究基地）建设工程，也开始推进省级制造业创新中心建设。一方面，产业基础和创新实力较为雄厚、产业发展共性技术问题突出的若干省（自治区、直辖市）积极建设最高水平的制造业新型创新载体，力争使本省（自治区、直辖市）制造业创新中心进入国家级行列。根据《中国制造 2025》的计划，到 2020 年，重点形成 15 家左右制造业创新中心（工业技术研究基地），力争到 2025 年形成 40 家左右制造业创新中心（工业技术研究基地）。北京（国家动力电池创新中心）、陕西（国家增材制造创新中心）、湖北（国家信息光电子创新中心）率先取得进展，分别获批了首家、第二家和第三家国家级制造业创新中心，成为相关产业领域创新的风向标。例如，国家信息光电子创新中心由光迅科技、烽火通信、亨通光电等国内多家企业和研发机构共同参与建设，汇聚了国内信息光电子领域超过 60% 的创新资源。另一方面，不论本地产业发展水平和创新资源聚集水平如何，多数省（自治区、直辖市）都按照"一案一例一策"方式，出台了制造业创新中心遴选、考核、管理的标准和程序，坚持"成熟一个、推进一个、授牌一个"，根据本地先进制造业发展的共性技术需要推进制造业创新中心建设工作。据不完全统计，如表 6—2 所示，截至 2018 年 2 月底，全国已有 20 个省（自治区、直辖市）培育或认定了省级制造业创新中心（试点单位）。

**表6—2** **全国各省级区域制造业创新中心建设情况（截至 2018 年 2 月底）**

| 省（区、市） | 相关行动计划或配套措施 | 进展情况 |
|---|---|---|
| 北京 | 在优势领域建设一批国家级和市级制造业创新中心（《"中国制造2025"北京行动纲要》） | 2016 年国家动力电池创新中心成立、工业大数据创新中心成立；2017 年石墨烯产业创新中心等 6 个创新中心成立 |
| 湖北 | 2020 年形成一批国家级和省级制造业创新中心。在光电子、数控装备、新能源汽车、北斗和船舶等领域，将形成 2 个国家级、10 个省级制造业创新中心；到 2025 年，形成 3 个国家级、20 个省级制造业创新中心（《湖北省制造业创新中心建设工程实施方案》） | 2016 年首批 3 家省级制造业创新中心（"信息光电子制造业创新中心""高端数控装备制造业创新中心"和"海洋工程装备制造业创新中心"）正式组建授牌；2017 年全国第三家国家级制造业创新中心（国家信息光电子创新中心）落户武汉 |
| 江苏 | 到 2020 年，力争建成 5—8 家省级制造业创新中心，到 2025 年建成 15 家左右，积极创建国家级制造业创新中心（《"中国制造 2025"江苏行动纲要》） | 2016 年培育江苏省石墨烯创新中心等 12 家省级制造业创新中心 |
| 陕西 | 积极创建增材制造（3D 打印）、钛合金、分布式能源装备等国家级制造业创新中心，建设 20 个省级先进制造业创新中心（《〈中国制造 2025〉陕西实施意见》） | 2017 年首批 2 家省级制造业创新中心（陕西省光电子集成制造业创新中心、陕西省低阶煤分质利用创新中心）授牌；全国第二家国家级制造业创新中心（国家增材制造创新中心）落户陕西 |
| 吉林 | 培育以开展产业关键共性技术研究和高新技术产业化应用示范为使命的制造业创新中心（《"中国制造2025"吉林实施纲要》） | 2016 年吉林先进医疗器械制造业创新中心成立；2017 年吉林省高性能复合材料制造业创新中心成立 |

续表

| 省（区、市） | 相关行动计划或配套措施 | 进展情况 |
|---|---|---|
| 广东 | 到2018年国家级和省级智能制造试点项目分别达到15个和100个，3年内建3个国家级制造业创新中心[《广东省工业企业创新驱动发展工作方案（2016—2018年)》] | 2016年发布《广东省制造业创新中心建设实施方案》，启动第一批省级制造业创新中心创建工作；2017年首家省级制造业创新中心（广东省印刷及柔性显示创新中心）成立，启动第二批省级制造业创新中心创建工作；2018年启动第三批省级制造业创新中心创建工作 |
| 浙江 | 加快推进制造业创新中心建设（《浙江制造业创新中心建设工程实施方案》） | 2016年启动首批省级制造业创新中心培育工作；2017年，首批3家省级制造业创新中心（浙江省石墨烯制造业创新中心、浙江省燃气涡轮机械制造业创新中心、浙江省智能诊疗设备制造业创新中心）成立 |
| 安徽 | 到2020年重点建设30个省制造业创新中心，到2025年形成50个左右省制造业创新中心（《安徽省制造业创新中心建设实施暂行办法》） | 2017年发布《安徽省制造业创新中心建设实施暂行办法》，启动省级制造业创新中心建设工作。公布首批省制造业创新中心以及重点培育的省制造业创新中心名单，首批建设8家制造业创新中心，重点培育3家省制造业创新中心 |
| 江西 | 力争在铜冶炼及加工、离子型稀土等领域建设10个国际一流的创新中心，在直升机、触控显示、节能环保装备、矿山机械等领域建设10个国内领先的创新中心（《江西省人民政府关于贯彻落实〈中国制造2025〉的实施意见》） | 2016年发布《关于开展江西省制造业创新中心建设试点工作的通知》；2017年认定首批省级制造业创新中心 |

续表

| 省（区、市） | 相关行动计划或配套措施 | 进展情况 |
| --- | --- | --- |
| 甘肃 | 到 2020 年，建成 3 个以上省级制造业创新中心，积极培育国家级制造业创新中心；到 2025 年，建成 5 个以上省级制造业创新中心，争取创建 1 个国家级制造业创新中心（《"中国制造 2025"甘肃行动纲要》） | 2016 年发布《甘肃省制造业创新中心建设实施方案》；2017 年省内首家批准培育的创新中心［聚芳（硫）醚新材料创新中心］成立 |
| 贵州 | 《关于开展省级制造业创新中心建设试点的意见》 | 2016 年启动第一批省级制造业创新中心培育工作；2017 年设立首批省级制造业创新中心（贵州省磷化工副产物绿色化利用创新中心、贵州省先进金属材料与制造创新中心） |
| 四川 | 配套实施制造业创新中心建设（《"中国制造 2025"四川行动计划》） | 2017 年启动省级制造业创新中心创建工作，2018 年认定首批 3 家省级制造业创新中心（四川省工业大数据创新中心、四川省智能制造创新中心、四川省先进轨道交通装备创新中心） |
| 河南 | 到 2020 年，建成 15 家左右省级创新中心，争创 1—2 家国家级创新中心；到 2025 年，建成 25 家左右省级创新中心，并争创 3—5 家国家级创新中心（《"中国制造 2025"河南行动纲要》） | 2017 年确定首批 11 家培育的省级制造业创新中心；2018 年认定首家省级制造业创新中心（河南省智能农机创新中心） |

| 省（区、市） | 相关行动计划或配套措施 | 进展情况 |
|---|---|---|
| 河北 | 到 2020 年，在生物医药、固废资源利用、高端装备等领域，打造 10 个立足京津冀、服务全国、聚焦行业前沿的省级制造业创新中心；到 2025 年，形成 25 家左右制造业创新中心（《河北省制造业创新中心建设实施方案》） | 2017 年发布《河北省制造业创新中心建设实施方案》，启动省级制造业创新中心培育工作；2018 年公布首批 6 家省级制造业创新中心试点单位 |
| 上海 | 到 2025 年，产业创新建设工程取得明显成效，新增若干具有国际影响力国家级制造业创新中心，成为建设具有全球影响力科技创新中心的重要支撑（《"中国制造 2025"上海行动纲要》） | 2017 年上海智能网联汽车创新中心、上海智能传感器制造业创新中心成立；2018 年上海集成电路制造业创新中心、上海增材制造制造业创新中心成立 |
| 山东 | 以哈尔滨工程大学为依托，创建国家级船舶工业创新中心（《"中国制造 2025"山东省行动纲要》）；确定省级制造业创新中心建设领域总体布局（试行）[《关于组织开展山东省制造业创新中心（第一批）建设试点的通知》] | 2017 年确定首批 14 个省级制造业创新中心试点单位；2018 年启动第二批省级制造业创新中心建设试点工作，推进山东省船舶与海洋工程装备创新中心建设 |
| 湖南 | 力争形成 1—2 个国家级制造业创新中心，建成 30 个左右区域性和省级制造业创新中心[《湖南省贯彻〈中国制造 2025〉建设制造强省五年行动计划（2016—2020 年）》] | 2017 年发布《湖南省制造业创新中心认定管理暂行办法》；2018 年认定株洲国创轨道科技有限公司为省内首家制造业创新中心 |

续表

| 省（区、市） | 相关行动计划或配套措施 | 进展情况 |
|---|---|---|
| 福建 | 计划开展省级制造业创新中心试点工作，探索建设制造业创新中心的有效途径（《关于开展省级制造业创新中心试点的通知》） | 2017 年计划开展省级制造业创新中心试点；2018 年公布第一批省级制造业创新中心试点建设名单（共 8 个单位） |
| 内蒙古 | 推进自治区国家级创新中心建设（《推进自治区国家级创新中心建设》） | 2018 年区内首家制造业创新中心（内蒙古稀土功能材料创新中心）成立 |
| 宁夏 | 到 2020 年建成国家级制造业创新中心 1 个以上，支持一批企业技术中心建设成为西北地区重要的工业技术创新中心（《"中国制造 2025"宁夏行动纲要》） | 2018 年首批 4 家协同创新中心（宁夏高端控制阀产业技术协同创新中心等）成立 |

资料来源：根据相关资料与实地调研情况整理。

虽然国家制造业创新中心在制造业创新体系中能够发挥重要功能和作用——开展产业前沿及共性关键技术研发、建立产学研协同创新机制、加强知识产权保护运用、促进科技成果商业化应用、强化标准引领和保障作用、服务大众创业万众创新、打造多层次人才队伍、促进开展国际合作。但是，在中国制造业创新体系中还存在两方面短板，一是国家实验室等重要科技基础设施在制造业创新体系中的作用和互动机制还不健全，二是先进制造业技术的扩散体系还不完善。因此，未来在完善制造业创新体系中应该加强以下三方面建设。[①]

一是高水平建设中国工业技术研究院。应该依托海外高层次人才，而不是依托既有的科研院所，全新设立中国工业技术研究院，作为中国制造业共性技术供给的重要机构。同时鼓励各地根据本地的产业优势和科技资源基础多种形式地建设本地区的工业技术研究院，作为本地区制造业共性技术供给的主体。借鉴国际成熟共性技术研究机构的普遍规则，中国工业技术研究院采取"公私合作"的运营模式，运营经费大约1/3来自国家财政，1/3来自各级政府的竞争性采购，1/3来自市场。在治理机制方面，由技术专家、政府官员、企业家代表和学者共同组成专业委员会作为最高决策机构，研究院最高管理者（主席）采取全球公开招聘的方式，通过专业委员会和管理社会化减少政府的行政干预。同时，又保证研究院的高效运营和专业管理；研究院每年向社会发布翔实的年度运营报告，用于披露研究院的财务收支和业务活动，形成社会监督的机制。研究院研究人员收入宜以具有竞争力的固定报酬为主，项目收入仅作为研究人员的报酬补充，从而避免研究内容和项目设置的过度商业化；研究院的机构设置按照产业发展需求而不是学科体系设置，研究人员的考评以社会贡献而不是纯粹的学术成果为主，以此保证工研院研究成果的应用服务功能。国家可以考虑设立配套的引导资金，引导研究院为技术领先企业、科技型中小企业和落后地区制造业等具有较强社会外部性的领域投入。

二是建立跨学科的、任务导向、长周期研究项目的国家实验室。与发达工业国家相比，中国的国家（重点）实验室存在严重的定位不准的问题。美国国家实验室在人事、财务和管理等方面都相对独立于

---

① 参见黄群慧、李晓华、贺俊《"十三五"工业转型升级的方向与政策》，社会科学文献出版社 2016 年版。

大学，而中国的国家实验室则完全依托于大学和院系，这也导致中国大学和院系教授主导的国家实验室实际上成为学科建设和基础研究发展的平台，任务导向型、战略性的前沿技术研究主体在中国的创新体系中"名存实亡"。而且，中国的国家实验室都是单一学科的，反观美国和德国的国家实验室建设，恰恰旨在弥补大学学科交叉不足的问题，因而都是跨学科的、综合性的研究结构。中国国家实验室存在的另一个严重的问题是，在研究项目设立方面没有区别于既有的高校和科研院所，因而造成较为严重的重复建设。不同于高校和中科院等研究机构的学术型研究，国家实验室的研究项目应当是任务导向的、应用导向的研究，更重要的，由于研发项目和投资金额巨大，高校和企业无法承担，国家实验室的研究成果通常应经过二三十年的积累和转化才能形成经济效益，因而应为长周期的研发。

三是依托"母工厂"建设促进先进制造技术创新扩散。无论是生产系统技术自身的技术集成特性，还是德国在推进"工业4.0"过程中尤其强调在系统应用层面部署的战略逻辑，都表明，先进制造系统在大量迭代试验和现场应用过程中对系统层面的持续优化是先进制造技术赢得竞争优势的关键环节。支撑先进制造技术系统优化的载体，应当是一批能够明确提出先进制造系统技术条件和工艺需求、具备与先进制造技术相适应的现代生产管理方法和劳动技能的现代工厂，也即日本的"母工厂"。以"母工厂"为依托加快先进制造系统应用载体的建设，是扩散先进制造技术、全面提升先进制造业的重要内容。[①]20世纪80年代中期，受劳动成本上升和日元升值的影响，很多日本企业开始到国外投资建厂，如何处理国内部门与海外工厂的关系，成

---

① 贺俊、刘湘丽：《日本依托"母工厂"发展先进制造的实践与启示》，《中国党政干部论坛》2013年第10期。

为企业战略决策的重要课题。是将所有职能全盘转移国外，还是在国外与国内实施"分工"制呢？与美国多数制造业企业将制造和工厂全部转移至海外的做法不同，更多的日本企业选择了后者。例如，松下公司对国内工厂的功能进行了调整，在国内新建了生产高附加价值产品的工厂；美蓓亚精密电机公司（Minebea）把国内工厂定位成研究开发基地；还有企业将国内工厂指定为国外工厂的样板，由该工厂负责向国外提供工厂的设备、工艺、员工培训以及适应当地的技术开发等。这种将国内工厂作为国外子公司的技术依托、作为国内技术创新的种子基地的做法，被称为"母工厂"制。总体上看，日本的"母工厂"在其制造业体系中承担着技术支援、开发试制、维持本国技术地位、满足本国高端市场需求的功能。"母工厂"是强化中国先进生产制造技术在系统层面不断优化、改进能力的重要平台和载体，是消除重大基础科学研究成果和高新产品技术产业化障碍的重要突破口，是提升中国制造业产品质量的重要抓手。借鉴日本经验，应当出台中国的《母工厂建设计划》，加快培育中国的"母工厂"，打造中国以"母工厂"为中心的生产体系；以一批"母工厂"建设为载体和抓手，加快人工智能、数字制造、工业机器人等先进制造技术和制造工具的研发和应用，"系统性地"发展先进制造技术和先进制造产业。

# 第 七 章

# 智能制造

在新工业革命的背景下，智能制造是制造业发展的基本方向。人类社会正在走向智能化社会，而智能制造是人类走向智能社会的基础。对于中国制造业发展而言，努力把握当前世界范围内的智能化的大趋势，积极提高中国制造的智能化水平，不仅是提高制造业国际竞争力的需要，也是通过深化改革加快培育供给侧新动能、促进中国经济发展和现代化进程的必然要求。[①]

## ◇ 一 理解新工业革命

从历史上看，科学技术发展的一个重要表现形式是"革命"。基于美国哲学家托马斯·库恩的观点，科学革命是一个在时间和空间上有结构的过程，其主要的实质在于用新范式取替旧范式，而范式是指那些公认的科学成就，包括在一段时间里为实践共同体所接受的科学

---

[①] 黄群慧：《从新一轮科技革命看培育供给侧新动能》，《人民日报》2016 年 5 月 23 日。

概念、规律、理论及工具，等等。[①] 从生产力发展看，生产力的巨大变化更直接来自产业革命或者说工业革命，产业革命是指由于技术革命而引起的新经济模式取代旧经济模式的活动和过程，内容涉及人类生产方式和经济结构的巨大变迁，其本质可以认为是技术—经济范式的转变，也就是技术经济系统原有基本运行方式的根本变化。

关于在人类历史上曾经发生过多少次科技和产业革命，迄今为止学术界并未达成共识，大体上有2—3次科学革命、3—6次技术和产业革命等不同分类。2008年国际金融危机以后，英美一些学者发表了一批文献，研究总结世界技术变革趋势、制造业发展和国家竞争力等问题，有关三次工业革命的观点广为传播。在中国，有三篇文献影响巨大，使得"第三次工业革命"在中国成为一个流行词。一是2012年1月11日《华盛顿邮报》发表的《为什么中国开始担心自己的制造业了》；二是2012年4月21日出版的英国《经济学人》杂志专题论述了全球范围内正在经历的"第三次工业革命"；三是杰里米·里夫金2011年出版的《第三次工业革命》一书在中国翻译出版发行。[②] 虽然对第三次工业革命的内涵理解有不同，但学者和社会都基本认为世界已经在经历第一次工业革命带来蒸汽时代、第二次工业革命带来电力时代后，进入第三次工业革命带来的信息时代。而德国人则从工业化阶段入手将信息时代又细分为基于信息技术的自动化阶段和基于物理信息系统（CPS）的智能化阶段，于是有所谓的从"工业1.0"到"工业4.0"的四次工业革命的分类。依靠世界经济论坛这个

---

① ［美］托马斯·库恩：《科学革命的结构》，金吾伦、胡新利译，北京大学出版社2003年版。

② ［美］杰里米·里夫金：《第三次工业革命：新经济模式如何改变世界》，张体伟译，中信出版集团2015年版。

平台，施瓦布提出蒸汽机的发明驱动了第一次工业革命，流水线作业和电力的使用引发了第二次工业革命，半导体、计算机、互联网的发明和应用催生了第三次工业革命，而在社会和技术指数级进步的推动下第四次工业革命已经开始，其核心是形成通过智能化与信息化驱动的高度灵活、人性化、数字化的产品生产与服务模式。[①]

无论如何划分，一般都认可的是，20世纪下半叶以来，世界一直孕育和发展着以信息化和工业化融合为基本特征的新一轮的科技和产业革命，计算机芯片处理技术、数据存储技术、网络通信技术和分析计算技术取得巨大突破，以计算机、互联网、移动通信和大数据为主要标志的信息技术、信息产品和信息获取处理方法得到指数级增长，并在社会经济中广泛运用且与实体世界深度融合，由此带来诸如电子商务、智能制造、工业互联网等生产生活方式的革命性变革。与此同时，能源技术、材料技术和生物技术等创新也取得程度不同的突破性进展，以信息技术为核心共同构成了新一代高新技术簇，为社会生产力革命性发展奠定了技术基础。

在新一轮科技革命驱动下，整个工业系统将逐步发生内涵丰富、多层次的巨大变革，这种变革就是新工业革命。现在看来，这种变革表现为四个层面：一是以高效能运算、超级宽带、激光粘结、新材料等为代表的通用技术层面；二是在通用技术基础之上的以人工智能、数字制造、机器人、3D打印等为代表的制造技术层面；三是以柔性

---

① ［德］克劳斯·施瓦布：《第四次工业革命——转型的力量》，李菁译，中信出版集团2016年版。实际上，纠结于几次工业革命并没有太多意义，三次工业革命的概念没有提出几年，就提出四次工业革命，这也许更多是学者们"沽名"的结果。我们认为，对于以信息化、数字化、智能化为基本特征的新一轮科技和产业革命，统称为新工业革命也就足以达意了。

制造系统和可重构的生产系统为代表的各种集成技术系统层面；四是信息物理融合系统层面，而信息物理融合系统正是德国"工业4.0"的目标和核心。与德国"工业4.0"相对应，美国提出的工业互联网，就是把互联网和制造业深度融合，形成一个以智能制造为核心，能够实现个性化定制、智能化生产、网络化协同、服务化转型的工业生产体系。因此，新工业革命的本质特征就是智能化趋势及其带来的工业和整个社会的变化。

在智能化技术中，人工智能最具有颠覆性和影响力。人工智能也称机器智能，最初是在1956年美国达特茅斯学院学会上提出的，人工智能已成为一个包括分布式人工智能与多智能主体系统、人工思维模型、知识系统、知识发现与数据挖掘、遗传与演化计算、深度学习、人工智能应用等在内的庞杂知识和技术体系。人工智能如果要分类，可以分成弱人工、强人工、超人工，我们目前还处在弱人工智能阶段。所谓弱人工智能，就是只擅长某一方面，比如苹果手机里面的人机对话软件。强人工智能是指技术上可做到和人类智力基本比肩。而超人工智能则是在所有领域都能超过人类智力的智能机器系统。

以智能化为特征的新工业革命带动的变革绝不仅仅是产业层面，而是整个社会层面，因此，日本提出所谓"社会5.0"的"超智慧社会"概念。畅想智能化社会，现在更多是未来学家以及各类学者关注的焦点。2016年在中国举行的世界经济论坛上，施瓦布提出10年后新工业革命给社会带来的21个引爆点，在一定程度上对未来智慧社会进行了刻画：（1）10%的人穿戴接入互联网的服饰；（2）90%的人享受免费的（广告商赞助的）无限存储空间；（3）1万亿传感器将接入互联网；（4）美国出现首个机器人药剂师；（5）10%的阅读眼镜接入互联网；（6）80%的人在互联网上拥有了数字身份；（7）首辆3D打印汽车投产；（8）政府首次用大数据源取代人口普查；（9）首款植入式手机将商业化；（10）5%的消费品都是 3D 打印而成；（11）90%的人使用智能手机；（12）90%的人可经常接入互联网；（13）无人驾驶汽车占到美国道路行驶车辆的 10%；（14）首例 3D 打印肝脏实现移植；（15）30%的企业审计由人工智能执行；（16）政府首次采用区块链技术收税；（17）家用电器和设备占到一半以上的互联网流量；（18）全球拼车出行、出游的数量超过私家车；（19）出现首座人口超过 5 万但没有红绿灯的城市；（20）全球 10%的 GDP 以区块链技术进行存储；（21）第一个人工智能机器将加入公司董事会。[①]

　　智能化的实现，归根结底是信息技术的突破和发展。人类的社会活动与信息（数据）的产生、采集、传输、分析和利用直接相关，信息或数据是客观存在的，但以前这些信息或数据独立性和流动性弱。随着信息技术的突破发展，云计算、大数据、互联网、物联网、个人电脑、移动终端、可穿戴设备、传感器及各种形式软件等"云网端"信息基础设施的不断完备，相对于以前信息（数据）与其他要素紧密结合，现在信息（数据）的可获得性和独立流动性日益增强，以前经济供给要素主要是资本、劳动力、土地、创新等，现在信息可以独立出来作为新供给要素。信息（数据）不仅逐步成为社会生产活动的独立投入产出要素，而且还可以借助信息物理系统（CPS）等大幅度提升边际效率贡献，成为社会经济运行效率和可持续发展的关键决定因素，信息（数据）被认为将会成为决定未来现代化水平的最稀缺的要素，而"云网端"信息基础设施的重要价值也将更为凸显以数据为核心要素、以"云网"为基础设施的新工业革命，促进生产组织和社会

---

　　① ［德］克劳斯·施瓦布：《第四次工业革命——转型的力量》，李菁译，中信出版集团 2016 年版。

分工方式更倾向于社会化、网络化、平台化、扁平化、小微化，大规模定制生产和个性化定制生产日益成为主流制造范式，不仅适应消费者个性化需求，而且企业组织边界日益模糊，基于平台的共享经济和个体创新创业获得巨大的发展空间，从而促进了经济的快速发展。从本质上说，新工业革命推动经济发展是发挥了范围经济的作用，范围经济成为智能化驱动经济增长的主要效率源泉。[①]

## ◇ 二　智能制造与新经济

在新工业革命潮流下，智能制造是工业发展的关键和核心。所谓智能制造，直观地讲，就是基于人工智能技术与制造技术集成而形成的满足优化目标的制造系统或者模式。在智能制造一开始提出时，内容相对狭义，优化目标也相对具体，但随着新的制造模式不断出现和信息技术不断发展，智能制造的内涵已经逐步广义化。从技术基础看，已经从单纯人工智能发展到包括大数据、物联网、云计算等在内的新一代信息技术；从制造过程看，已经从单纯的生产加工环节扩展到产品的全生命周期；从制造系统的层次看，已从制造装备单元扩展到包括车间、企业、供应链在内的整个制造生态系统；从优化目标看，从最初在没有人工干预情况下实现小批量生产，发展到满足消费者个性化需求、实现优化决策、提高生产灵活性、提高生产效率和资源利用率、提高产品质量、缩短制造周期、体现环境友好等一系列目标。因此，现在的智能制造，已经被广义地理解为基于大数据、物联

---

① 黄群慧：《新经济的基本特征与企业管理变革方向》，《辽宁大学学报》（哲学社会科学版）2016 年第 5 期。

网等新一代信息技术与制造技术的集成，能自主性地动态适应制造环境变化，实现从产品设计制造到回收再利用的全生命周期的高效化、优质化、绿色化、网络化、个性化等优化目标的制造系统或者模式，具体包括智能产品、智能生产、智能服务和智能回收等广泛内容。①

　　智能制造的实现，关键是依靠新一代信息技术系统的技术支持。现在比较公认的智能制造技术基础是信息—物理系统（CPS），或称为虚拟—实体系统。通俗地说，这是一个可以将工业实体世界中的机器、物料、工艺、人等通过互联网与虚拟世界中的各类信息系统有效连接的网络空间系统，该系统通过对实体世界工业数据的全面深度感知、实时动态传输与高级建模分析，实现网络信息系统和实体空间的深度融合、实时交互、互相耦合、互相更新，从而形成智能决策与控制，最终驱动整个制造业的智能化发展。这个系统在德国"工业4.0"中被称为CPS，而在美国的产业界则被称为工业互联网。在美国产业界看来，工业互联网是互联网在工业所有领域、工业整个价值链中的融合集成应用，是支撑智能制造的关键综合信息基础设施。有了这个系统就可以实现制造过程自组织、自协调、自决策的自主适应环境变化的智慧特性，进而满足高复杂性、高质量、低成本、低消耗、低污染、多品种等以前传统制造模式认为相互矛盾、不可能同时实现的一系列优化目标。将来人类所希望的制造业，都是具有个性化定制、智能化生产、研发网络化协同、服务化融合的特征，这是制造业发展的方向，也就是说，在智能制造驱动下，未来的制造业是能够满足高质量、多品种、高效益、绿色、创新要求的制造业。

　　智能制造中的工业机器人是基本的工具设备。工业机器人是集机

---

　　① 黄群慧：《以智能制造作为新经济主攻方向》，《经济日报》2016年10月13日。

械、电子、控制、计算机、传感器、人工智能等多学科先进技术于一体的现代制造业重要的自动化装备。自 1962 年美国研制出世界上第一台工业机器人以来，机器人技术及其产品已成为柔性制造系统（FMS）、自动化工厂（FA）、计算机集成制造系统（CIMS）的自动化工具。工业机器人已经广泛应用于汽车及汽车零部件制造业、机械加工行业、电子电气行业、橡胶及塑料工业、食品工业、物流等诸多领域中，它能提高生产效率，改善劳动条件，具有自适应和感知能力。工业机器人包括三个部分，机械系统部分、控制系统部分和传感监测系统部分。中国现在在机械系统部分的技术可以与世界同步，但是机器人智能控制技术还比较落后，最大的问题是工业软件，我们的工业软件对外依赖程度很高，绝大多数都是依靠进口。

经济学研究表明，一国经济的国际竞争力和长期稳定增长的关键是制造复杂产品的能力，而智能制造是制造业的转型升级制高点，代表着未来制造业发展的方向和经济结构高级化的趋势，决定着一个国家制造复杂产品的能力大小，因此，智能制造已成为当今世界各国技术创新和经济发展竞争的焦点，从这个意义上看，推进智能制造、建设制造强国，是中国深化供给侧结构性改革、大力培育经济增长新动能、促进经济增长动能转换的关键。

在新工业革命的背景下，新的产业组织形态和商业模式层出不穷，经济增长的新要素、新动力和新模式不断涌现，于是所谓"新经济"浮出水面。"新经济"这个词本身并不新，20 世纪 90 年代末至 21 世纪初，美国出现了一段在信息技术和全球化驱动下呈现高增长、低通胀、低失业率、低财政赤字等特征的经济发展时期，被认为是"新经济"。但 2000 年下半年以后，以互联网技术和金融主导的"新经济"泡沫最终破灭。其根本原因是没有把互联网这种技术和制造业结合在一起。离开制造业，仅仅停留在科技发明和金融追逐而衍生出来的经济大多会成为泡沫。如果说在 20 世纪末美国提"新经济"还为时过早，那么现在由于信息技术的突飞猛进使得信息技术成本大幅度降低、信息技术已与制造业逐步融合并广泛地应用改变着社会经济生活，提"新经济"便是水到渠成。

现在的"新经济"，其本质是由于新一轮科技和产业革命带动新的生产、交换、消费、分配活动，这些活动表现为人类生产方式进步和经济结构变迁、新经济模式对旧经济模式的替代。"新经济"的经济增长源泉至少表现在三个方面，一是由于信息（数据）独立流动性日益增强而逐步成为社会生产活动的独立、核心的投入产出要素，进而增加了信息边际效率贡献；二是以"云网端"为代表的新的信息基础设施投资对经济增长的拉动；三是生产组织和社会分工方式更倾向于社会化、网络化、平台化、扁平化、小微化，从而适应消费者个性化需求，进一步拓展了范围经济作用。在当前中国经济步入经济新常态、经济增长动能亟待转换的背景下，大力发展"新经济"既是积极应对新产业革命挑战的战略选择，也是中国通过供给侧结构性改革优化资源配置的战略要求。特别是 2016 年 3 月李克强总理在政府工作报告中明确提出"新经济"，体现出国家层面上对"新经济"的高度重视。但目前关于"新经济"的内涵、本质、测度及其未来发展的政策和方向等很多问题都没有形成共识，再加之在新一轮科技革命中，颠覆性技术不断产生，新的业态、新的商业模式层出不穷，因此，"新经济"还没有"定型"，这意味着从统计角度看很难测度"新经济"。虽然一些地方政府称当地"新经济"的贡献在整个地区经济中占比达到60%或70%，但其实很难有统一的统计口径来测度"新经济"，可供参考的是国家统计局的一些探索。国家统计局已经出台

《新产业新业态新商业模式统计监测制度（试行）》《新产业新业态新商业模式统计分类（2018）》和《新产业新业态新商业模式增加值核算方法》等，基于此制度，国家统计局统计科学研究所构造了经济发展新动能指数统计指标体系，采用定基指数方法，初步测算了2015—2017年中国经济发展新动能指数。据测算，2015—2017年中国经济发展新动能指数分别为123.5、156.7、210.1，分别比上年增长23.5%、26.9%和34.1%，呈逐年加速之势。[①] 另外，根据《新产业新业态新商业模式统计分类（2018）》和《新产业新业态新商业模式增加值核算方法》，国家统计局核算2017年全国"三新"经济增加值为129578亿元，相当于GDP的比重为15.7%，比上年提高0.4个百分点。按现价计算的增速为14.1%，比同期GDP现价增速高2.9个百分点。[②]

"新经济"下的产业体系是在智能化技术支持下的产业融合发展。传统发展经济学认为，伴随着工业化进程推进，存在一个产业体系中三次产业依次主导的高级化过程，现代产业结构往往表现为现代服务业主导、占比可以达到70%的产业结构。但是，在新一轮科技和产业革命背景下，工业化和信息化深度融合，三次产业边界日趋模糊，新技术、新产品、新业态、新模式不断涌现，现代产业体系的内涵正在发生变化，统计意义的三次产业结构数量比例关系越来越难以度量产业体系的现代化程度。随着信息技术的突破发展，云计算、大数据、互联网、物联网、个人电脑、移动终端、可穿戴设备、传感器及各种

---

① 《2017年我国经济发展新动能指数比上年增长34.1%》，2018年11月23日，国家统计局网站（http://www.stats.gov.cn/tjsj/zxfb/201811/t20181123_1635449.html）。

② 《2017年我国"三新"经济增加值相当于GDP的比重为15.7%》，2018年11月22日，国家统计局网站（http://www.stats.gov.cn/tjsj/zxfb/201811/t20181122_1635086.htm）。

形式软件等"云网端"信息基础设施的不断完备，信息（数据）逐步成为社会生产活动的独立投入产出要素，对社会经济运行效率和可持续发展发挥着关键作用，信息（数据）要素就成为产业体系的核心现代要素。产业体系的现代化程度主要表现为信息（数据）作为核心投入对各传统产业的改造程度以及新兴产业的发展程度，从度量的经济指标看，则主要表现为由于信息（数据）要素投入而导致的产业边际效率改善和劳动生产率提升程度。随着信息（数据）作为核心要素的不断投入，在计算机、互联网和物联网（或者说是物理信息系统）技术的支持下，现代产业体系正沿着数字化、网络化、智能化的融合发展主线不断演进，现代产业体系的最终方向是智能化和融合化，并进一步支持了整个社会向智能化方向转型。①

要构建以智能化为方向的现代产业新体系，必须首先从战略方向上明确哪个产业是先导产业，进而在先导产业带动下，推进整个产业体系的现代化。虽然中国得益于规模超大、需求多样的国内市场，近年来电子商务率先取得跨越式发展，但是，现代产业体系的先导产业不是电子商务，而是智能制造。一方面，伴随着芯片技术的突破发展、互联网设施的发展完善、传感器价廉量大的供给、先进制造技术不断创新，智能制造产业作为新一轮科技和产业革命的先导正在迅速发展，成为现代产业体系中发展潜力巨大的行业；另一方面，制造业可以为其他产业提供通用技术手段，制造业不仅是技术创新的需求方，也是技术创新的供给方，现代产业体系的创新发展主要驱动力来自制造业发展。智能制造的发展可以进一步支持和带动智慧农业、智慧城市、智能交通、智能电网、智能物流和智能家居等各个领域的智

---

① 黄群慧：《以智能制造为先导构造现代产业新体系》，《光明日报》2016 年 6 月 8 日。

能化发展，满足生产者和消费者的智能化、个性化需求。而且，没有智能制造的发展支撑，新业态、新商业模式也将成为空中楼阁。正因为如此，无论是德国"工业4.0"，还是美国提出的先进制造业国家战略计划，都是把智能制造作为主攻方向。对于中国而言，智能制造也是《中国制造2025》的主攻方向、中国制造强国建设的关键。未来的制造强国一定是一个智能制造强国。

## ◇ 三　中国智能制造的发展

近些年，随着新型工业化战略的推进、中国新一代信息技术和制造业的深度融合，中国智能制造也取得了长足的发展，以高档数控机床、工业机器人、智能仪器仪表为代表的关键技术装备取得积极进展，离散型行业制造装备的数字化、网络化、智能化步伐加快，流程型行业过程控制和制造执行系统全面普及，关键工艺流程数控化率大大提高。但是，智能制造面临关键共性技术和核心装备受制于人的困境，智能制造标准/软件/网络/信息安全基础薄弱，企业所需工业软件90%以上依赖进口，企业资源计划（ERP）、产品生命周期管理（PLM）、制造企业生产过程管理系统（MES）、三维设计、虚拟仿真、控制系统、操作系统、数据库等软件都以国外供应为主。高档和特种传感器、智能仪器仪表、自动控制系统、高档数控系统、机器人市场份额不到5%。① 与国外相比，中国智能制造新模式成熟度低，系统整体解决方案供给能力差，智能制造领域人才匮乏。基于这种智能制

---

① 国家制造强国建设战略咨询委员会编著：《中国制造2025蓝皮书（2017）》，中国工信出版集团、电子工业出版社2017年版，第265页。

造的发展现状，从中国制造强国建设、新经济发展和新旧动能转换角度看，未来中国发展智能制造应注意以下着力点。

一是构建顺应智能化趋势的产业融合发展新体系。在新一轮科技和产业革命的背景下，智能制造的发展能加快信息技术对传统产业的改造，进一步推动制造业与服务业的融合，三次产业融合发展逐步实现转型升级，促进了具有更高生产率的现代产业体系的形成。为此，要深化体制机制改革，调整产业发展的指导思想，由强调增长导向的规模比例关系向强调效率导向的产业融合和产业质量能力提升转变。要打破政府主管部门界限，突破只站在本部门角度思考产业发展的思维定式，鼓励生产要素和资源跨部门流动，以智能制造发展和打造智能制造体系为先导，促进农业向智慧农业转型、向服务业延伸，以服务智慧城市建设和智能制造发展为目标推动服务业尤其是生产性服务业大发展，培育城乡第一、二、三产业融合的新业态。

二是探索符合中国国情的智能制造发展新战略。中国已经步入工业化后期，中国综合国力已居世界前列，形成了世界上最完备的现代工业体系和庞大的制造基础，成为全球制造业第一大国。但是，中国制造业大而不强，相对于世界主要工业发达国家而言，中国的制造业智能化发展还相对落后。总体上中国制造业处于机械化、电气化、自动化和信息化并存的阶段，不同地区、不同行业和不同企业的智能化发展水平差异较大。中国智能制造发展还面临许多突出问题，主要有感知、控制、决策和执行等核心环节的关键技术设备还受制于人，智能制造的标准、软件、网络和信息安全的基础还十分薄弱，各类智能制造管理模式还亟待培育推广，智能化集成应用领域非常有限，等等。因此，中国需要探索自己的智能制造发展战略，这个战略既要符合自己的制造业国情，又要充分考虑到国际竞争环境和智能制造发展趋势。

三是构建科学的政策机制，落实"中国制造 2025"和"互联网＋"战略。面对新一轮科技和工业革命，中国已经制定了"中国制造2025"和"互联网＋"战略，规划了中国制造的"五大工程""十大领域"和"互联网＋"的"11 项行动计划"，当前应该构建科学的政策机制并积极贯彻落实。在实施中要注意正确处理产业政策和竞争政策的关系，切实把握好产业政策实施力度，既要发挥好产业政策的扶持、引导和推动作用，又要避免落入政府大包大揽、急功近利的强选择性产业政策窠臼。在推进方向上，既要重视智能制造、绿色制造、高端制造等新技术新产业以及各种新商业模式本身的发展，还要重视新技术、新业态和新模式在传统产业上的应用推广。

四是加强制度创新和人力资本培育，加大"云网端"基础设施投资。面对新一轮科技和产业革命日新月异的发展，无论是思想观念还是人才结构，无论是管理制度还是基础设施，中国都存在全面不适应的问题。一方面，要深化教育、科技和行政管理体制改革，提倡"工匠精神"，完善人才激励制度，优化人才结构，大力实施知识产权和标准战略，强化无形资产保护，提升中国顺应新一轮科技和工业革命、培育经济增长新动能的"软实力"；另一方面，加快推进大数据、云技术、超级宽带、能源互联网、智能电网、工业互联网等各种信息基础设施的投资，弥补中国智能基础设施发展的"短板"，提升中国顺应新一轮科技和工业革命、培育经济增长新动能的"硬实力"。

五是强化创新驱动。智能制造水平是一国制造能力的核心体现，是衡量制造强国建设进展的一个重要指标。而决定智能制造水平的关键是制造业的创新能力。在智能制造领域，当前中国制造业创新能力与世界工业强国差距还很大，一些工业互联网领域的核心技术，包括工业无线技术、标准及其产业化，关键数据技术和安全技术等，都还有待突破，工业互联网核心软硬件支持能力都还不够。中国总体制造业技术水平还处于由电气化向数字化迈进的阶段，而智能制造引领的是由数字化向智能化发展。按照德国"工业4.0"的划分，如果说发达工业国智能制造推进的是由"工业3.0"向"工业4.0"的发展，那中国智能制造需要的是"工业2.0""3.0"和"4.0"的同步推进。这一方面要求结合中国国情推进智能制造，另一方面也要求我们更加强化创新驱动，实现创新能力的赶超。

基于对中国智能制造的发展现状和未来需求的分析判断，2016年12月8日，国家工业和信息化部、财政部颁布了《智能制造发展规划（2016—2020年）》，提出了2025年前推进智能制造发展实施"两步走"战略：第一步，到2020年，智能制造发展基础和支撑能力明显增强，传统制造业重点领域基本实现数字化制造，有条件、有基础的重点产业智能转型取得明显进展，其具体目标如表7—1所示。第二步，到2025年，智能制造支撑体系基本建立，重点产业初步实现智能转型。规划提出了十个重点任务：一是加快智能制造装备发展，攻克关键技术装备，提高质量和可靠性，推进在重点领域的集成应用；二是加强关键共性技术创新，突破一批关键共性技术，布局和积累一批核心知识产权；三是建设智能制造标准体系，开展标准研究与实验验证，加快标准制修订和推广应用；四是构筑工业互联网基础，研发新型工业网络设备与系统、信息安全软硬件产品，构建试验验证平台，建立健全风险评估、检查和信息共享机制；五是加大智能制造试点示范推广力度，开展智能制造新模式试点示范，遴选智能制造标杆企业，不断总结经验和模式，在相关行业移植、推广；六是推动重点领域智能转型，在《中国制造2025》十大重点领域试点建设数字化车间/智能工厂，在传统制造业推广应用数字化技术、系统集成技术、智能制造装备；七是促进中小企业智能化改造，引导中小企业推进自动化改造，建设云制造平台和服务平台；八是培育智能制造生态体系，加快培育一批系统解决方案供应商，大力发展龙头企业集团，做优做强一批"专精特"配套企业；九是推进区域智能制造协同发展，推进智能制造装备产业集群建设，加强基于互联网的区域间智能制造资源协同；十是打造智能制造人才队伍，健全人才培养计划，加强智能制造人才培训，建设智能制造实训基地，构建多层次的人才队伍。[①]

表7—1　　　　　　　　　　　**2020年中国智能制造发展目标**

| 项目 | 目标要求 | 具体指标 |
|---|---|---|
| 1 | 智能制造技术与装备实现突破 | 研发一批智能制造关键技术装备，具备较强的竞争力，国内市场满足率超过50%。突破一批智能制造关键共性技术。核心支撑软件国内市场满足率超过30% |
| 2 | 发展基础明显增强 | 智能制造标准体系基本完善，制（修）订智能制造标准200项以上，面向制造业的工业互联网及信息安全保障系统初步建立 |
| 3 | 智能制造生态体系初步形成 | 培育40个以上主营业务收入超过10亿元、具有较强竞争力的系统解决方案供应商，智能制造人才队伍基本建立 |
| 4 | 重点领域发展成效显著 | 制造业重点领域企业数字化研发设计工具普及率超过70%，关键工序数控化率超过50%，数字化车间/智能工厂普及率超过20%，运营成本、产品研制周期和产品不良品率大幅度降低 |

资料来源：《智能制造发展规划（2016—2020年）》，中华人民共和国工业和信息化部网站（http://www.miit.gov.cn/n1146295/n1652858/n1652930/n3757018/c5406111/content.html）。

在国家强国战略和国家智能制造规划的指引下，各地方也都在努力深化制造业与互联网融合发展，大力推进智能制造项目建设，支持

---

① 《智能制造发展规划（2016—2020年）》，中华人民共和国工业和信息化部网站（http://www.miit.gov.cn/n1146295/n1652858/n1652930/n3757018/c5406111/content.html）。

企业智能化升级改造。截止到 2018 年 8 月,北京、天津、上海、广东、湖南、浙江、江苏等 24 个省（自治区、直辖市）陆续制定出台了智能制造相关的专门政策文件,从制造业企业智能化改造和智能制造平台建设两条主线入手,着力推动本地制造业智能化发展。

一方面,各省（自治区、直辖市）在政策措施中明确设定了大量企业智能化改造的定量目标,促进企业内部数字化研发设计工具普及率、关键工序数控化率、信息技术综合集成应用率、智能工厂/数字化车间普及率、重点行业机器人密度、机器换工情况、能源利用率、产品不良品率等关键指标提升。例如,根据《江苏省"十三五"智能制造发展规划》,江苏省计划到"十三五"末建成 1000 个智能车间;截至 2017 年 6 月,江苏省已经建成 388 个示范智能车间,这些车间的能源利用率、产品不良品率、产品溢价都有了明显改善。作为2015 年江苏省首批示范智能车间之一,无锡长江精密纺织有限公司（无锡一棉）的高档紧密纺精梳棉纱扬子江车间中有 9 万多个传感器,使车间形成智能化生产线网络,实时监控生产状态、产品质量和机组用电信息,企业万锭用工是国内棉纺业平均水平的 1/5,同类产品售价高于市场价格 10% 以上。又如,浙江省出台《浙江省智能制造行动计划（2018—2020 年)》《浙江省智能制造评价办法》《浙江省全面改造提升传统制造业行动计划（2017—2020 年)》等政策,提出到2020 年实施省级以上智能制造新模式应用试点示范重点项目 100 个以上,培育省级智能制造标杆企业 30 家;重点骨干制造业企业资源计划（ERP）普及率达到 90%、制造执行系统（MES）普及率达到60%、供应链管理（SCM）普及率达到 80%、产品全生命周期管理系统（PLM）普及率达到 70% 等。

另一方面,各省（自治区、直辖市）从产业链和公共服务整体发展的角度出发，大力建设智能制造服务平台，打造智能制造生态。例如，《江苏省"十三五"智能制造发展规划》提出应加快发展智能制造公共服务平台。统筹建设一批共性技术研究、知识产权、大数据、工业云信息等专业智能制造公共服务平台，为企业提供智能制造技术开发、数据交换、检验检测、智能化改造咨询及实施等服务。2017年4月13日，中国电子技术标准化研究院和江苏风云科技服务有限公司合作打造的苏州市智能制造公共服务平台正式上线，旨在通过搭建网页和微信双平台，为有待转型升级的制造业企业提供智能制造诊断服务、智能制造评级服务、专业解决方案对接服务等；同时引荐智能制造优秀服务商，对有需求的企业提供统一的专业化服务，形成区域智能制造产业链的良性循环。又如，北京市出台《推进两化融合促进经济发展的实施意见》《北京市大数据和云计算发展行动计划(2016—2020年)》，提出推进大数据在新能源智能汽车、集成电路、智能制造、通用航空与卫星等领域的应用，建设工业智能制造云服务平台，提供研发设计、生产、经营等全流程云服务。还如，在上海市出台的《关于上海加快发展智能制造助推全球科技创新中心建设的实施意见》中提出：到2020年，该市智能制造体系在全国率先成形，初步形成适合智能制造发展的推广应用体系、高端产业体系、平台服务体系、标准支撑体系和人才服务体系，建设形成一批标志性智能制造示范工厂，培育扶持一批具有很强市场竞争力的系统集成、装备研制、软件开发与智能制造新模式应用等领域的骨干企业，争创一批国家级智能制造公共服务平台，有效提高生产效率和能源利用率，降低运营成本、产品研制周期和产品不良品率。

# 第 八 章

# 绿色制造

在当今世界，绿色可持续发展的理念已经深入人心。传统工业化进程推进给人类社会带来巨大现代化福祉的同时，也产生了严重的资源和环境问题。传统工业化产生的问题，还必须通过深化工业化进程来解决，而发展绿色制造正是其中的关键。推进绿色制造已成为当今时代制造业发展的主流和方向。对于中国而言，推进绿色制造发展的意义十分重大，这不仅仅表现为贯彻绿色发展理念、落实"十三五"规划、《中国制造 2025》等国家重大战略，还是中国走新型工业化道路的必然要求，也是中国积极探索包容可持续工业化的重要体现。

## ◇ 一　包容的可持续工业化

1972 年，罗马俱乐部发表的第一份研究报告《增长的极限》，首次悲观预言因自然资源供给有限，经济增长不可能无限持续下去，从而引起世人对环境、资源等全球系统性问题的关注，也引起人类社会对传统工业化道路的反思。21 世纪后，罗马俱乐部更加强调气候变化和全球变暖问题。2018 年 10 月 8 日，2018 年度诺贝尔经济学奖被授予了威廉·诺德豪斯（William D. Nordhaus）和保罗·罗默（Paul M. Romer），分别表彰威廉·诺德豪斯将气候因素纳入传统的经济增长模型中，分析了碳排放对气候变暖的影响；表彰保罗·罗默将知识引入经济增长模型，开拓了内生增长理论并对长期经济增长的动力给出了"内生化"的解释。虽然从表面上看这两位获奖者的研究领域似乎并不相关，但二者都是围绕经济增长问题的——分别是经济增长的自然约束与内生动力——这似乎从一定角度提醒人们不仅仅要关注经济增长的动力问题，还要关注经济增长的约束①，也就是经济增长的可持续问题，这个问题从工业化视角而言，就是人类社会需要关注环境和资源约束、关注可持续的工业化。

世界工业化进程表明，工业化是现代社会变迁的动力，发达国家的工业化道路主要是关注经济增长目标的传统工业化道路。人类已认识到，工业化战略不能只考虑通过技术创新促进经济增长的效率目标，还需要关注更多的社会公平目标和可持续发展目标。正是在这种背景下，联合国在《变革我们的世界：2030 年可持续发展议程》中，将促进包容和可持续性的工业发展作为第九项目标提出。2015 年联合国工业发展组织发布《2016 年工业发展报告：技术和创新对包容与可持续工业发展的作用》，该报告指出，包容与可持续工业发展包括三个要素。第一个要素是长期、可持续的工业化，这是推动经济发展的动力；第二个要素是具有社会包容性的工业发展和社会，其提供平等就业机会和利益公平分配；第三个要素是环境可持续性，其使工

---

① 陈永伟：《经济增长：从何而来、终于何方》，《经济观察报》2018 年 10 月 15 日。

业活动所带来的繁荣与自然资源过度使用和负面环境影响脱钩。①

实际上，传统的工业化道路是较少考虑社会包容性和环境可持续性这两个要素的，这两个要素往往被认为是影响工业化速度的约束条件，而要真正实现成功的工业化战略，是需要在保持经济增长、促进社会包容性和努力实现绿色经济转型中面临许多利弊权衡，这也正是工业化战略和政策的关键点所在。包容的可持续工业化战略与传统的工业化战略的驱动力同样是创新驱动的科技革命和产业变革，但两者的关键区别在于需要权衡选择什么样的技术创新在满足社会包容和环境可持续性的前提下推进经济增长和工业化进程。从环境可持续性角度看，清洁能源技术、绿色制造技术等环境友好型技术的应用和推广无疑是技术创新的主要方向，这些技术创新可以体现为具体生产工艺变化和产业结构变化两个方面，前者一般是企业生产过程中的技术创新，而后者则是国家层面通过推进高技术与低技术的替代而实现的。当然，这种技术替代和工艺创新的采用，面临高昂成本的制约。这些都需要从战略和政策层面考虑如何推进实施包容的可持续工业化（如图8—1所示），可以更为全面地理解通过创新驱动的包容可持续工业化进程的关键内涵。

图8—1要表明的是，一个国家的工业化战略和政策，核心是通过技术创新、制度创新及其国际合作，实现创新驱动的满足社会包容性和环境可持续性要求的工业发展和经济增长，具体包括促进中小企业发展与扩大平等就业、区域协调发展、收入增加与社会收入分配公平，发展优质的、人人负担得起并公平使用的基础设施，绿色生产工艺广泛采用、绿色工业迅速发展，清洁能源广泛使用、能源效率大幅

---

① 黄群慧、郭朝先等：《可持续工业化与创新驱动》，社会科学文献出版社2017年版，第9—11页。

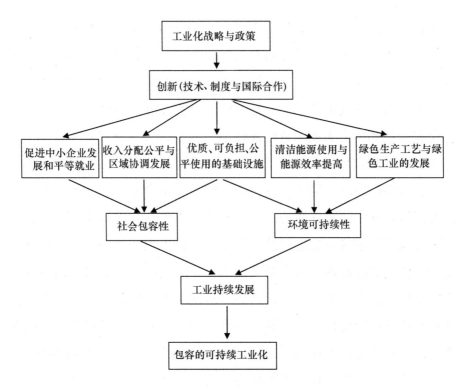

**图8—1 创新驱动的包容可持续工业化示意**

资料来源：黄群慧、郭朝先等：《可持续工业化与创新驱动》，社会科学文献出版社2017年版，第11页。

提升等各方面的内涵。这里需要进一步强调两点，一是包容的可持续工业化的实现一定是工业的可持续发展，而不是"去工业化"，没有工业的发展，也就没有现代化。社会包容性和环境可持续性一定要通过创新推进工业可持续增长来实现，没有工业尤其是制造业的高水平发展，技术创新能力都会被削弱甚至根本谈不上技术创新。二是包容的可持续工业化的实现，一定要基于本国的国情，脱离本国国情而制定的工业化战略和政策恰恰是不可持续的。各国需要基于自己的物质和人力资源禀赋，以及本国经济发展阶段和社会状况，权衡各类利弊，进行相应的技术创新和制度创新，选择正确的技术组合，才能实现包容的可持续工业化。

对于中国而言，自党的十六大提出新型工业化道路以来，中国一直在努力探索走出一条与传统工业化道路不同的新型工业化道路。所谓新型工业化道路，是指以"坚持以信息化带动工业化，以工业化促进信息化，走出一条科技含量高、经济效益好、资源消耗低、环境污染少、人力资源优势得到充分发挥的新型工业化路子"为核心内容的工业化战略。党的十八大提出新型工业化、城镇化、信息化和农业现代化"四化同步"，进一步明确了中国工业化的方向，强调了工业化与城镇化、信息化和农业现代化的协调发展。而"十三五"规划提出的创新发展、协调发展、绿色发展、开放发展、共享发展五大发展理念，更是指导中国工业化的基本原则，成为中国未来深化包容的可持续工业化的根本保证。中国"十三五"规划提出的经济社会发展主要目标是：在提高发展平衡性、包容性、可持续性的基础上，到 2020 年国内生产总值和城乡居民人均收入比 2010 年翻一番，将"绿色发展"作为一大发展理念提出并在全文中一以贯之，不仅提出加快建设制造强国，实施《中国制造 2025》，而且还具体要求"支持绿色清洁生产，推进传统制造业绿色改造，推动建立绿色低碳循环发展产业体系"。因此，推进绿色制造，已经成为中国实施"十三五"规划、推进新型工业化战略的重大任务和核心要求，也是包容可持续工业化的必要技术支撑要求。

## ◇ 二 中国绿色制造工程

一般认为，绿色制造是在保证产品功能和质量的前提下、综合考虑环境影响和资源效率的制造模式和过程。绿色制造通过开展技术创新及系统优化，将绿色设计、绿色技术和工艺、绿色生产、绿色管理、绿色供应链、绿色就业贯穿于产品全生命周期中，实现环境影响最小、资源能源利用率最高，获得经济效益、生态效益和社会效益协调优化。绿色制造的实现需要一个体系，包括开发绿色产品、建设绿色工厂、发展绿色园区、打造绿色供应链，以及优化绿色企业、强化绿色监管和完善标准体系等内容，这就是绿色制造体系。

基于《中国制造2025》，中国要全面推行绿色制造工程，主要包括三方面的内容：一是加快制造业绿色改造升级，具体针对钢铁、化工等传统重化工高污染高耗能行业进行生产过程清洁化改造，通过发展绿色工艺、技术和装备来减少有毒有害污染物排放。而对于电子信息、新能源、新材料、高端装备和生物医药等新兴高技术产业要自始至终确立实现绿色低碳化发展。二是推进资源高效循环利用，大力发展资源再利用产业和再制造产业，降低制造企业对能源、物质和水源消耗水平，减少传统化石能源消费，推动绿色低碳能源消费。三是积极构建以开放绿色产品、建设绿色工厂、发展绿色园区、打造绿色供应链为核心内容的绿色制造体系，强化绿色监管。

构建绿色制造体系是推进绿色制造的核心，《中国制造2025》提出绿色制造工程中第一阶段的发展目标是到2020年建成千家绿色示范工厂和百家绿色示范园区，部分重化工行业能源资源消耗水平显著降低，重点行业主要污染物排放强度下降20%。推进绿色制造工程第二阶段的发展目标是，到2025年时，基本建立起绿色制造体系，制造业绿色发展水平达到世界先进水平。[1]

---

[1] 《国务院关于印发〈中国制造2025〉的通知》（国发〔2015〕28号），中华人民共和国中央人民政府网站（http://www.gov.cn/zhengce/content/2015-05/19/content_9784.htm）。

2016 年 6 月，工业和信息化部进一步印发《工业绿色发展规划（2016—2020 年)》，2016 年 9 月《绿色制造工程实施指南（2016—2020 年)》正式发布，进一步明确了"十三五"期间制造业绿色发展的主要任务和目标，提出到 2020 年中国绿色制造水平明显提升，绿色制造体系初步建立，企业和各级政府的绿色发展理念显著增强，节能环保产业大幅增长，初步形成经济增长新引擎和国民经济新支柱。绿色制造能力稳步提高，一大批绿色制造关键共性技术实现产业化应用，形成一批具有核心竞争力的骨干企业，初步建成较为完善的绿色制造相关评价标准体系和认证机制，创建百家绿色工业园区、千家绿色示范工厂，推广万种绿色产品，绿色制造市场化推进机制基本形成，制造业发展对资源环境的影响初步缓解。[①] 具体而言，绿色制造工程包括的重点任务如表 8—1 所示，相应的重要相关指标要求如表 8—2 所示。

表 8—1　　　2016—2020 年中国推进绿色制造工程建设重点任务

| 总体方面 | 重点任务 | 基本要求 | 项目与目标 |
|---|---|---|---|
| 传统产业绿色化改造 | 实施生产过程清洁化改造 | 以源头削减污染物产生为切入点，革新传统生产工艺装备，鼓励企业采用先进适用清洁生产工艺技术实施升级改造 | 重点区域清洁生产专项、重点流域清洁生产专项、重金属污染物削减专项、淘汰落后专项 |
| | 实施能源利用高效低碳化改造 | 加快应用先进节能低碳技术装备，提升能源利用效率，扩大新能源应用比例 | 高耗能设备系统节能改造专项、流程工业系统改造专项、余热余压高效回收专项、低碳化改造专项 |

<hr/>

① 《绿色制造工程实施指南（2016—2020 年)》，2016 年 9 月 14 日，中华人民共和国工业和信息化部网站（http：//www. miit. gov. cn/n1146285/n1146352/n3054355/n3057542/n5920352/c5253469/content. html)。

续表

| 总体方面 | 重点任务 | 基本要求 | 项目与目标 |
|---|---|---|---|
| 传统产业绿色化改造 | 实施水资源利用高效化改造 | 以控制工业用水总量、提高用水效率、保护水环境为目标，采用水系统平衡优化整体解决方案等节水技术，对化工、钢铁、造纸、印染、食品、医药等高耗水行业实施改造 | 化工节水专项、钢铁节水专项、造纸节水专项、印染节水专项、食品药品节水专项 |
| | 实施基础制造工艺绿色化改造 | 加快应用清洁铸造、锻压、焊接、表面处理、切削等加工工艺，推动传统基础制造工艺绿色化、智能化发展，建设一批基础制造工艺绿色化示范工程 | 铸锻焊切削制造工艺改造专项、热表处理清洁化专项 |
| 资源循环利用 | 强化工业资源综合利用 | 重点针对冶炼渣及尘泥、化工废渣、尾矿、煤电固废等难利用工业固体废物，扩大资源综合利用，以再生资源规范企业为依托，推动再生资源产业集聚发展，实现再生资源产业集约化、专业化、规模化发展 | 大宗工业固体废物综合利用专项、再生资源产业专项 |
| | 推进产业绿色协同链接 | 推行循环生产方式，促进企业、园区、行业间链接共生、原料互供、资源共享，拓展不同产业固废协同、能源转换、废弃物再资源化等功能，创新工业行业间及与社会间的生态链接模式。结合区域资源环境特点，促进工业资源综合利用产业区域间协调发展 | 产业绿色融合专项、资源综合利用区域协同专项 |
| | 培育再制造产业 | 积极推广应用再制造表面工程、增材制造、疲劳检测与剩余寿命评估等技术工艺，建立再制造逆向智能物流体系，完善再制造产品认定制度 | 高端智能再制造专项、在役再制造专项 |

续表

| 总体方面 | 重点任务 | 基本要求 | 项目与目标 |
|---|---|---|---|
| 绿色制造技术创新及产业化 | 突破节能关键技术装备 | 围绕制约节能产业发展的重大关键技术和装备，在节煤、节电、余能回收利用、高效储能、智能控制等领域加大研发和示范力度，培育一批有核心竞争力的骨干企业 | 到 2020 年节能和环保产业产值分别达到 1.7 万亿元和 2 万亿元。建设 100 项先进环保技术装备应用示范工程，打造 20 个节能环保装备制造基地，力争突破 50 项环保技术装备、40 项重大节能技术装备 |
| | 开发资源综合利用适用技术装备 | 以提升工业资源综合利用技术装备水平、推进产业化应用为目标，基本形成适应工业资源循环利用产业发展的技术研发和装备产业化能力 | 环保技术产业化专项、节能技术产业化专项、资源综合利用技术产业化专项，突破 100 项重大资源综合利用技术装备，培育 100 家资源综合利用产业创新中心 |
| 绿色制造体系构建 | 建立健全绿色标准 | 制修订资源综合利用及绿色制造管理体系等标准规范，完善全生命周期绿色标准，制定绿色工厂、园区、供应链标准，搭建开放的绿色标准创制公共平台，强化标准实施 | 重点行业出台 100 项绿色设计产品评价标准，10—20 项绿色工厂标准，建立绿色园区、绿色供应链标准 |
| | 开发绿色产品 | 按照产品全生命周期绿色管理理念，遵循能源资源消耗最低化、生态环境影响最小化、可再生率最大化原则，开发推广绿色产品发布绿色产品目录，引导绿色生产 | 大力开展绿色设计试点示范，优先以家用洗涤剂、可降解塑料、动力电池、绿色建材等为突破口，到 2020 年，开发推广万种绿色产品 |
| | 创建绿色工厂 | 按照用地集约化、生产洁净化、废物资源化、能源低碳化原则，结合行业特点，分类创建绿色工厂 | 到 2020 年，创建 1000 家绿色示范工厂 |

续表

| 总体方面 | 重点任务 | 基本要求 | 项目与目标 |
|---|---|---|---|
| 绿色制造体系构建 | 建设绿色工业园区 | 以企业集聚、产业生态化链接和服务平台建设为重点，推行园区综合能源资源一体化解决方案，深化园区循环化改造，实现园区能源梯级利用、水资源循环利用、废物交换利用、土地节约集约利用 | 培育一批创新能力强、示范意义大的示范园区。到2020年，创建100家绿色工业园区 |
| | 打造绿色供应链 | 以汽车、电子电器、通信、大型成套装备等行业龙头企业为依托，以绿色供应标准和生产者责任延伸制度为支撑，加快建立以资源节约、环境友好为导向的采购、生产、营销、回收及物流体系 | 开展绿色供应链管理试点，到2020年，在重点行业初步建立绿色供应链管理体系，生产者责任延伸制度取得实质性进展 |
| | 建设绿色制造服务平台 | 建立产品全生命周期基础数据库及重点行业绿色制造生产过程物质流和能量流数据库，建立绿色制造评价机制，建设绿色制造技术专利池，建设绿色制造创新中心和绿色制造产业联盟，积极开展第三方服务机构建设 | 到2020年节能环保服务业产值达到1.8万亿元 |

资料来源：根据《绿色制造工程实施指南（2016—2020年）》整理，2016年9月14日，中华人民共和国工业和信息化部网站（http://www.miit.gov.cn/n1146285/n1146352/n3054355/n3057542/n5920352/c5253469/content.html）。

表8—2　　　　2016—2020年中国推进绿色制造工程建设指标要求

| 指标 | 2020年目标（与2015年相比） |
|---|---|
| 重点行业主要污染物排放强度 | 下降20% |
| 工业固体废物综合利用率 | 73% |
| 规模以上单位工业增加值能耗 | 下降18% |
| 吨钢综合能耗 | 0.57吨标准煤 |

续表

| 指标 | 2020 年目标（与 2015 年相比） |
|---|---|
| 吨氧化铝综合能耗 | 0.38 吨标准煤 |
| 吨合成氨综合能耗 | 1.3 吨标准煤 |
| 吨水泥综合能耗 | 85 千克标准煤 |
| 电机、锅炉系统运行效率 | 提高 5% |
| 高效配电变压器在网运行比例 | 提高 20% |
| 单位工业增加值二氧化碳排放量 | 下降 22% |
| 单位工业增加值用水量 | 下降 23% |

资料来源：根据《绿色制造工程实施指南（2016—2020 年)》整理，2016 年 9 月 14 日，中华人民共和国工业和信息化部网站（http://www.miit.gov.cn/n1146285/n1146352/n3054355/n3057542/n5920352/c5253469/content.html)。

从上述绿色制造工程的内容可以看出中国推进制造业绿色化发展的决心。从保护环境、推进可持续发展角度大力推进绿色制造，已经是一个世界潮流。中国在鼓励引导绿色制造发展的同时，也要采用一系列环境管制措施来限制高排放产业的发展，环境管制已经成为中国产业政策的一个重要方面。但是，迄今为止，理论界对环境管制对绿色制造的影响还没有取得一致的认识。一些经济学家认为如果采用太苛刻的环境规制措施，迫使企业采取减排、减产或者转用更加清洁的制造技术，会增加企业成本、降低企业竞争力、影响企业发展进而阻碍经济增长，尤其是从短期效果看问题会更加突出。在中国进入工业化后期经济增速下降的背景下，严格的环境管制会加速这种趋势。另外一种观点则是认同所谓的"波特假说"——严格的环境规制有可能给企业带来更大的激励促使其进行技术创新，通过增加研发投入、提高企业创新水平，进而提高自己的生产率，从长期动态看企业竞争力反而会上升。虽然管制的成本可能导致价格水平上升，但环境改善给消费者带来了福利改善，因此总体上消费者剩余并不会减少。当然也有这两种观点的动态折中，随着环境规制的强度增加和时间推进，环境规制对创新或者企业竞争力的影响呈现"U"形。虽然也存在大量基于中国制造业数据探讨环境规制对制造业竞争力、创新和发展的实证文献，但是结论也并不相同，既有支持"波特假说"的实证研究[①]，也有证明绿色生产规制对企业研发有负面影响的研究。[②] 从本质上看，经济学研究还不能够对上述绿色制造的产业政策或者环境规制政策实施提供全面的正向支持。但是，绿色制造的趋势无疑是制造业转型升级的必然方向，实际上，制造业的绿色化绝不是单纯经济学效率视角分析所能解释的，更多是理念层面的。对于企业而言，如同企业社会责任一样，绿色制造不应该是制造企业对绿色制造规制的被动适应，而应该是对制造业绿色发展趋势的主动追求。

## ◇ 三　推进绿色制造体系建设

自中国推进绿色制造工程以来，应该说中国制造业绿色化发展取得了显著成就。2017 年共实施了 225 个绿色制造重点项目，发布首批433 项绿色制造示范名单，污染防治和节能节水攻坚战取得重大成就，全年规模以上单位工业增加值能耗同比下降超过 4%、单位工业增加值用水量同比下降约 6%，超额完成年度目标。传统制造业绿色

---

① 刘悦、周默涵：《环境规制是否会妨碍企业竞争力：基于异质性企业的理论分析》，《世界经济》2018 年第 4 期。

② 张彩云、吕越：《绿色生产规制与企业研发创新——影响及机制研究》，《经济管理》2018 年第 1 期。

化改造进程加快，绿色低碳产业规模不断壮大，各行业、各地区以及有关部门立刻做出积极响应，截止到 2017 年年底已经有超过 30 个地区出台了相关支持政策；节能监察工作不断深入，工业能效、水效持续提升，资源综合利用水平大幅提高，再制造行业发展加速，2017 年中国资源综合利用水平大幅提升，大宗工业固体废物综合利用量预计达到 14 亿吨，再生资源综合利用量预计达到 2.65 亿吨；重点区域流域领域清洁生产水平稳步提升，标准引领作用日益凸显，绿色制造体系建设步伐加快，绿色发展理念逐步深化。[①]

但是，与国外先进国家绿色制造水平相比，中国还存在一些问题：一是国家大力支持传统产业绿色化改造相关技术和装备研发，但绿色制造技术水平不高，研发创新能力有待提升，先进技术装备对工业绿色转型的支撑力依然不足。特别是绿色设计和软件方面的技术仍是制约绿色制造最突出的短板，这集中表现为绿色制造技术研发创新活动部分零散，平台式、体系化、集成化技术创新明显滞后；资源循环再利用产业、再制造产业的发展较为迅速，但产业规模总体尚小。二是绿色标准体系不健全，有待进一步完善，标准体系建立任重而道远。绿色产品标识尚未形成统一的制定和认证标准。由于部分绿色技术和产品的"绿色程度"难以量化，缺少持续的基础数据和足够的公开信息支持，导致绿色标准和标识制定认证困难，影响绿色设计、绿色产品推广、绿色评价等工作开展，不利于绿色制造体系构建。三是尽管国家通过财政税收、金融创新等方式支持绿色发展，但仍存在较大的资金缺口，绿色金融创新也有待推进和落实，资金和成本压力阻碍了企业绿色制造发展。现阶段大多数企业节能减排、清

---

① 国家制造强国战略咨询委员会编著：《中国制造 2025 蓝皮书（2018）》，中国工信出版集团、电子工业出版社 2018 年版，第 229—231 页。

洁生产、综合利用等方面的投入，更多的是应对市场竞争压力、国际贸易壁垒和环境规则约束的被动选择。随着经济增速下滑，不少企业在绿色技术和产品研发的资金安排方面也捉襟见肘。另外，据估算，未来绿色制造每年至少需要 3 万亿—4 万亿元的资金投入，其中政府专项资助只占 10%—15%，其余的 85% 甚至 90% 都需要社会资本支持。[①] 因此，绿色制造发展仍然存在较大的资金缺口，财政支持只是杯水车薪，引导社会资金向绿色制造领域流动才是当前面临的最紧迫任务之一。四是绿色发展观念也尚未全面形成，绿色 GDP 考核机制和绿色监管体制的建立还有待相关标准体系的建立和完善。五是绿色制造公共服务能力不强，第三方服务机构发展有待规范，第三方服务行业整体处于起步发展阶段，市场规模较小，服务质量良莠不齐，行业发展缺乏统一指南和规范性管理，对绿色制造体系构建的服务支撑作用不强。

进一步积极构建绿色制造体系，与单纯节能减排的强制性约束不同，更宜采取以正向激励为导向的政策思路，政策着力点要放在理念转变、技术支持、标准完善等方面，实施方式应以鼓励和引导为主，具体应该从以下八个方面着力。[②]

一是加快核心关键技术研发，加快实现绿色制造技术群体性突破。加紧制定重点领域绿色制造技术路线图，重点研发新能源和资源集约利用、污染生态系统修复、污染物健康危害评测与预防、人工化学品控制等技术；鼓励企业研发使用高性能洁净成形技术、精

---

① 国家制造强国战略咨询委员会编著：《中国制造 2025 蓝皮书（2018）》，中国工信出版集团、电子工业出版社 2018 年版，第 233 页。

② 黄群慧、杨丹辉：《构架绿色制造体系的着力点》，《经济日报》2015 年 12 月 10 日。

确塑性成形技术、优质高效连续技术、精确热处理技术、优质高效改性技术、涂层技术、快速成形技术和再制造技术，使生产过程的能量和原材料消耗显著下降，排放显著降低；基于绿色技术具有跨行业、跨专业的特点，建立生物、材料、能源、资源环境等多个领域的绿色技术公共平台，吸引科研院所、大学和研究型企业参与，提高技术集成能力，推广应用效率；完善专利保护、知识产权市场交易体系，提升绿色技术研发与企业之间的利益结合度；改进技术引进质量和吸收能力，密切追踪国外绿色关键技术的发展动向，评估其技术前景，指导和管理技术引进；完善公共信息服务体系，为相关企业实现绿色转型提供技术选择、技术发展趋势和产品市场前景的咨询服务。

二是深入推进制造业结构调整，构建绿色制造业体系。按照"等量置换"或"减量置换"的原则，进一步淘汰电力、钢铁、焦化、建材、电石、有色金属等行业的落后产能；通过结构调整，对传统产业进行绿色改造升级。应以技术升级改造和淘汰落后为切入点，推进企业兼并重组，打通传统产业与绿色技术之间的通道，逐步将绿色技术、绿色工艺渗透到传统产业的各个环节；大力发展绿色新兴产业，培育新的绿色增长点。依托《中国制造2025》，将规划重点领域作为加快工业绿色转型的突破口。同时，深入研究绿色产业的发展规律和市场化前景，创造适合绿色产业发展的商业模式，加快新型绿色产品产业化。

三是借鉴国际经验，完善绿色制造技术标准与管理规范。尽快建立和完善绿色技术、绿色设计、绿色产品的行业标准和管理规范。对现行标准进行全面清查和评价，按照绿色和可持续的原则，对原有标准进行补充修订，加快推进新技术、新产品的标准制定，并严格实行标准管理。积极参与并主导绿色国际标准的制定，推动中国绿色标准国际化。

四是鼓励金融机构创新产品，加大对绿色制造资金支持。引导国内外各类金融机构参与绿色制造体系建设，鼓励金融机构为企业绿色转型和低碳改造提供适用的金融信贷产品，积极利用风险资金、私募基金等新型融资手段，探索建立适合产业绿色发展的风险投资市场。中央和地方财政要加大对资质好、管理规范的中小企业信用担保机构的支持力度，鼓励银行、担保机构等金融机构为中小企业绿色创新与低碳转型提供便捷、优惠的担保服务和信贷支持。

五是大力发展绿色运输，推动绿色物流发展。根据国情，通过多式联运、共同配送和信息网络等方式实现运输环节的绿色化；建立绿色仓储体系，合理规划仓储布局，实现仓储设施绿色化利用；规范绿色包装，推进包装材料和包装形式的绿色化；鼓励绿色回收，回收产品设计要符合快速拆卸的要求，引导有实力的企业从事回收技术的专项研发，建立相关的拆卸和回收生产线，建立针对主要用户市场的回收基地。同时，扶持专业回收机构和公司的发展，提供专业化综合利用服务，提高回收利用的范围和比率。

六是启动政府绿色采购工程，引导绿色消费行为。进一步完善《政府采购法》，实施政府绿色采购工程，借鉴发达国家经验，将绿色标识作为制定绿色采购产品目录和指南的基础依据，分行业、分产品制定并发布绿色采购标准和清单，对政府实行绿色采购的责任和义务、奖励和惩罚予以明确的规定，带动消费者树立绿色消费的信心。在此基础上，开展多层次、多形式的宣传教育，引导企业将绿色营销与产品战略相结合，在宣传新上市的绿色产品时引导消费者形成绿色消费习惯。

七是充分发挥行业协会的作用，促进企业绿色经营管理创新。各行业协（商）会要充分发挥桥梁和纽带作用，在政府相关部门指导下，深入调研行业绿色转型的资金需求、技术条件和体制障碍，全面评估行业绿色转型的成本与收益，及时反映企业的政策诉求，为政府决策提供依据；利用政府补贴等财政手段，支持企业加大技术创新、节能减排、清洁生产、资源综合利用和环境保护等方面的自主投入，激发企业绿色发展潜力，促进企业绿色经营管理创新；加强企业与环境监管部门合作，环境监管部门应与行业协会共同督促企业加强环保自律，并通过与单个企业或企业团体签订"绿色行动协议"等方式，鼓励企业自主建立全流程的绿色管理和自查制度，引导企业主动实践绿色发展的社会责任。

八是加强人才培养体系建设，为绿色制造提供人才保障。把人才培养作为绿色制造体系的重要举措，根据绿色发展的总体要求，着力培养具有战略思维和战略眼光的决策人才，以及掌握高端技术的研发人才，包括国家层面的总体技术研发带头人、企业层面的具备自主研发能力的中坚技术力量等。"十三五"期间，一方面，通过整合国内相关研究和教学力量，开展短期专业技能培训，迅速提高资源评价、装备制造、监测认证、项目管理等领域技术人员的专业水平；另一方面，推动各类高校开设与绿色制造、绿色营销、绿色物流、绿色管理有关的专业，夯实人才基础，逐步建立绿色转型的人才培养长效机制和紧缺人才引进战略机制，为中国工业的健康、自主、绿色发展提供坚实的人力资源保障。同时，积极创造绿色就业岗位，并为传统领域从业人员转向绿色岗位提供各种转岗培训。

总体上需要再次强调，构建绿色制造体系，与单纯节能减排的强制性约束不同，更宜采取市场主导和政府引导相结合、以正向激励为导向的政策思路，政策着力点要放在理念转变、技术支持、标准完善等方面，实施方式应以鼓励和引导为主。这要求我们必须改变单纯依靠政府主导推进绿色制造的工作方式，更多地依靠社会组织，发挥社会组织的作用。

第 九 章

# 服务型制造

在当今世界产业融合的大趋势下，制造业服务化正成为制造企业转型的一个重要方向，服务已成为制造企业获得竞争力的重要手段，服务收入占制造企业总收入的比重逐渐上升。从国际比较看，总体上中国制造业服务化水平较低，这与制造企业处在全球价值链的低端、服务化的战略认识不足、核心能力缺失等有关，而服务业生产效率较低、服务化政策支持力度不够和人才支撑不足等外部环境同样不利于制造业服务化转型。大力发展服务型制造，提高中国制造业服务化水平，不仅仅是制造业自身发展的需要，更是在中国经济结构整体趋于服务化但效率下降的背景下，提高中国产业结构整体效率、促进真正意义转型升级的需要。

## ◇ 一 产业融合与服务型制造

当今世界，第一、二、三产业之间关系越来越密切，彼此融合与互动发展是大势所趋，制造业服务化、农业"六次产业化"等正在颠覆传统产业分工格局。融合发展加快了农业现代化和制造业的转型升级，同时为服务业提供了更大的发展空间，促进了传统产业体系向现代产业体系的转变。产业融合过程打破了传统产业的技术边界、业务边界、市场边界和运作边界，从而推出新技术、新产品、新商业模式、新企业、新业态，进而实现消费升级、产业结构优化、产业发展和综合竞争力提升，不仅如此，产业融合还有利于突破区域边界，具有实现区域经济一体化效应。三次产业的融合发展，促进了各产业转型升级。作为传统弱势产业的农业将吸收现代工业化成果并向服务业延伸，不断推进技术创新和组织创新，逐步提高自身发展能力，拓展农业的多种功能，包括农产品供给功能、调节气候、净化环境、维持生物多样性等生态服务功能和自然人文综合景观带来的休闲、审美、教育等文化服务功能；作为过去经济增长引擎的制造业部门，将在现代生产性服务业支撑下进一步突出在国民经济中的创新驱动和高端要素承载功能，以现代高新制造技术"武装"农业和服务业；服务业对经济增长的拉动作用将更加显著，特别重视生产性服务业内部的融合以及生产性服务业与工业和农业的融合，培育和发展战略性的生产性服务业，鼓励产业业态创新，在促进服务业整体生产率提高的同时，推进第一和第二产业的转型升级。

产业融合的前提是技术融合。由于信息技术具有渗透性、倍增性、网络性和系统性等特征，在信息技术高度发展的今天，产业融合更多地表现为以信息技术为纽带的、产业链上下游产业的渗透融合。实际上，在新工业革命的大背景下，类似"互联网＋"效应正在颠覆或者改变着众多传统产业。新工业革命极大地促进制造业生产全过程的信息感知、智能决策、自动控制和精准管理，在移动互联网所提供的信息网络支撑环境下，"互联网＋产业"能够加速第一、二、三产业融合的"六次产业"新业态。实际上，知识型服务业和信息通信技术的加速发展是服务型制造创新发展的重要引擎。

　　对于制造业而言，由于产业融合而呈现的制造业服务化趋势日益显著，服务型制造正蓬勃发展。① 制造业和服务业融合，一方面是制造企业作为融合主体，突破自身的产业边界向服务业延伸和拓展，开始提供与产品相关的功能服务或其他制造，致使制造业的服务功能越来越突出；另一方面是服务企业作为融合主体，凭借其技术、管理、销售渠道和品牌优势等向制造业延伸和拓展，导致主体由服务转变为制造。更具体从制造业与生产性服务业融合看，至少有三种模式。一是基于共生性的融合模式，是指制造业的实物产品和生产性服务业的服务型产品必须捆绑在一起同时售出，才能满足客户需求，这种模式在机械、电子装备等复杂专业的制造业中比较普遍。二是基于内生性的融合模式，是指制造业通过产业链的延伸，在同一价值链上前向或者后向衍生出与实物产品相关的生产性服务，这种融合模式在企业内生的融资租赁、后市场等领域表现明显。三是基于互补性的融合模式，是指实物产品与生产性服务通过技术、资源、业务、管理和市场等的互补，提供给客户具有互补型的产品，这主要体现在电信、通信、机械设备等领域。②

　　上述是关于从制造业与服务业融合视角对服务型制造的基本描

---

　　① "服务型制造"与"制造业服务化"虽然都是描述制造业和服务业融合的现象，但还是具有一定区别，直观看"服务型制造"强调这是一种融合了服务业务的制造类型，具有静态性；而"制造业服务化"则是强调制造业向服务业转型升级的趋势，具有动态性。本书在使用过程中并没有严格区分"服务型制造"和"制造业服务化"。另外还有常用的"生产性服务业"，这个概念与"服务型制造"和"制造业服务化"从制造业出发不同，这是一种服务业分类，专指为生产者而非最终消费者服务的行业，包括基本生产服务、嵌入制造业价值链的基本生产服务和为生产性服务业服务。

　　② 童洁、张旭梅、但斌：《制造业与生产性服务业融合发展的模式与策略研究》，《软科学》2010 年第 2 期。

述，从企业角度看，服务型制造是随着信息技术的发展和企业对"顾客满意"重要性认识的加深，越来越多的制造企业不再仅仅关注实物产品的生产，而是更加关注产品价值的实现和提升，以顾客为中心提供更加完整的"产品＋服务"一体化解决方案。从单纯的制造业企业到提供一体化"产品＋服务"的服务型制造是一个动态渐进的过程，图9—1 聚焦分析顾客—供应商界面揭示了服务化连续体，图顶端的服务化水平最低，在供应商和客户之间的互动主要是交易性的，此时有一些外围服务附加在产品上；底部的服务化水平最高，此时集成产品和服务的总体解决方案是由服务商和客户共同设计完成的。从低服务化到高服务化共有四种类型：以交易为主，附加边缘性服务；提供产品＋服务；产品的顾客化定制＋服务；产品＋服务的协同设计——整体解决方案。[①]

从全球范围来看，随着全球进入服务主导的经济时代，服务已成为制造企业获得竞争力的重要手段，服务收入占公司总收入的比重逐渐上升。一些著名的制造业龙头企业开始努力推进服务型制造业务的发展，努力创造优质的服务来提升有形产品竞争力的做法已经普遍被人们所接受，随着市场竞争的进一步全球化，企业争创服务优势的竞争意识越来越强烈。如2011 年 IBM 的服务收入占到总收入的82.1%，服务业务的税前利润占到总利润的92.9%。又如日本的丰田汽车公司，为了提高公司的市场竞争力、推销丰田系列休闲游览车，丰田汽车公司在丰田休闲游览车系列销售店推出了开销巨大的为客户24 小时服务的举措，免费提供事故处理、故障电话服务、客户购车咨询服

---

① Veronica Martinez, Marko Bastl, Jennifer Kingston, Stephen Evans, "Challenges in Transforming Manufacturing Organisations into Product – Service Providers", *Journal of Manufacturing Technology Management*, 2010, 21 (4): 449 – 469.

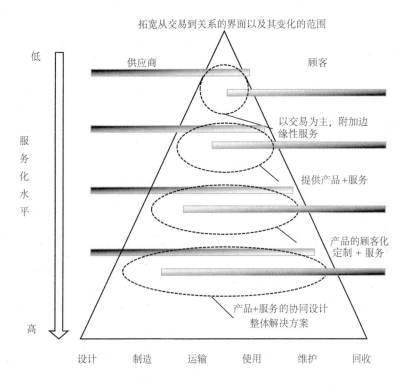

**图 9—1 服务型制造的连续性：基于顾客—供应商界面的视角**

资料来源：Veronica Martinez, Marko Bastl, Jennifer Kingston, Stephen Evans, "Challenges in Transforming Manufacturing Organisations into Product – Service Providers", *Journal of Manufacturing Technology Management*, 2010, 21（4）：449 – 469。

务、铁路、航空、住宿以及看病等信息服务。根据德勤公司 2010 年对全球 80 家跨国制造业企业的调查，服务业收入占销售收入比例为 26%，而服务净利润贡献率平均值达到 46%；有 19% 的制造业公司的服务收入超过了 50%。① 表 9—1 为代表性制造企业提供增值服务的类型和内容。

_____

① 工业和信息化部服务型制造专家组等：《服务型制造典型模式解读》，经济管理出版社 2016 年版，第 1 页。

表 9—1 代表企业提供服务型制造的业务内容

| 服务型制造基础 | 增值服务内容 | 具体内涵 | 代表企业 |
|---|---|---|---|
| 基于产品效能提升的增值服务 | 个性化的产品设计 | 在价值链的各个环节为消费者提供个性化产品设计相关的服务，包括个性化产品设计、个性化客户体验 | 红领集团 |
| | 实时化的在线支持 | 包括远程诊断服务、实时维修服务、外包服务和运营服务 | 罗尔斯罗伊斯 |
| | 动态化的个性体验 | 通过硬件产品和内容服务融合，提供个人娱乐服务、基于未知的服务，为客户提供动态化个性体验 | 通用 OnStar、苹果公司 |
| 基于产品交易便捷化的增值服务 | 多元化的融资租赁 | 基于技术含量高、资本密集型产品领域提供消费信贷服务、融资租赁服务等 | 福特、通用、GE |
| | 精准化的供应链管理 | 整合上下游，建立产供销各方物流、信息流和资金流协同一体运作体系，提供实时补货、零部件管理、供应商库存管理 | 卡特彼勒 |
| | 便捷化的电子商务 | 建立面向客户的电子营销体系，实现经营管理系统和制造单元、分销渠道信息系统的集成，包括提供期货电子采购、现货电子采购 | 宝钢集团 |
| 基于产品整合的增值服务 | 一体化的成套安装 | 提供产品设计、方案咨询、系统设计、成套安装和运行维护等服务 | 阿尔斯通 |
| | 集成化的专业运营维护 | 在交钥匙基础上的全面维护和管理，提供设计、规划、制造、施工、培训、维护、运营一体化的服务和解决方案 | 华为公司 |
| 从基于产品的服务到基于需求的服务 | 构建基于动态需求的一体化解决方案 | 实现从基于产品的服务向基于客户需求服务的转变，将制造企业领先于市场的研发、供应链、销售等运营能力向外延展为服务，企业由产品提供商成为解决方案提供商 | IBM 公司 |

资料来源：安筱鹏：《制造业服务化路线图：机理、模式与选择》，商务印书馆 2012 年版，第 86 页。

制造业服务化趋势在不同的国家和不同行业表现差异比较大。利用投入产出表计算制造业服务化水平指数（某行业服务产出占整个产出的比例）表明，主要发达国家中芬兰、荷兰、瑞典等国的制造业服务化指数较高，到 2011 年超过了 10%。从行业看，主要发达国家的不同制造行业服务化强度不同，造纸、印刷和出版业，化学品及化学制品制造业，交通运输设备制造业的服务化系数较高，荷兰广播、电视和通信设备业的服务化产出比例高达 59.68%，但基础金属制品业、纸浆及纸制品业的服务业产出平均比例分别只有 1.61% 和 2.82%。制造业服务化趋势的影响因素众多，但技术密集度是影响制造业服务化的一个重要因素，高技术部门制造业服务化的程度要明显高于低技术部门，中高技术，尤其是高技术产业的服务化趋势更加明显。①

## ◇◇ 二　产业"转型"未"升级"

促进制造业与服务业的融合、推进服务型制造发展，具有微观和宏观的双重意义。从微观企业视角，这是提高企业效率、促进制造业务增值、提升竞争力的业务转型战略；对于宏观而言，则是促进产业转型升级、提高产业效率的一个产业发展战略。促进产业结构转型升级是经济发展战略和产业政策的核心。近年来中国一直把大力发展服务业作为促进产业结构转型升级的一项重要战略举措和政策导向，这虽然对加快中国经济结构高级化进程发挥了重要作用，但服务业快速增长背后的效率损失也给中国经济增长带来了结构失衡的风险。产业

---

① 黄群慧、霍景东：《中国制造业服务化的现状与问题——国际比较视角》，《学习与探索》2013 年第 8 期。

政策要精准，笼统地大力发展服务业的政策导向并不能够带来真正意义的产业结构升级，而大力推进服务型制造则是中国产业转型升级的"牛鼻子"。

在产业融合的大趋势下，服务型制造的发展实际上给产业结构转型升级提供了一个正确的方向。从发展的趋势看，中国未来产业结构升级的方向应该从单纯提升服务业比例向促进制造业和生产性服务业相互增强发展转变。过去有关中国产业结构问题的政策辩论常常围绕"工业比重是否太高、服务业比重是否太低"展开。由工业产品复杂性所反映的一国制造业能力是一国经济长期稳定发展的关键，产业结构调整方向不能一味地强调提升服务业所占比例，单纯从统计意义上的产业比重角度来判断产业结构的合理性是不合适的。制造业服务化的发展趋势不仅指出了这种非此即彼式思路的狭隘性，而且现实地揭示出产业结构从制造业为主向服务业为主转换的核心是制造业与生产性服务业的相互促进发展。中国未来的工业化将在相当长时期内保持这种制造业和生产性服务业相互增强发展的局面。

近些年来，中国所谓产业结构转型升级的趋势十分明显，这主要表现在服务业占比迅速提升。应该说，一个国家的工业化进程进入工业化后期阶段，工业比重下降、服务业比重提高是经济发展的一般规律，也是经济现代化推进的结构转换特征，也被认为是经济结构高级化的一种重要表现。但是，对于中国的产业结构变化而言，我们需要看到这种比例数据显示的结构转型背后的经济运行风险。正如我们在第四章中所描述的"过早或者过快去工业化""制造业空心化""经济脱实向虚"风险所揭示的那样，我们需要警惕以产业结构转型升级为名而使经济陷入上述风险中。服务业占比提高与降低不是问题的本质，本质是要促进产业的效率提升，当前中国的问题是由于服务业高端化不够、服务业效率低于制造业效率，而服务业占比越高整个产业效率越低的产业"逆库兹涅茨化"问题。

如果我们严格区分产业结构的"转型"和"升级"，"转型"主要用于描述从一种产业主导的结构转型为另外一种产业主导的结构，而"升级"则表述了从附加值低的产业（或产业环节）主导的结构转向附加值高的产业（或产业环节）主导的结构。那么，在充分肯定中国产业结构高级化趋势的同时，我们也需要高度重视产业结构存在"转型"而未"升级"的风险，也就是说我们要重视从三次产业增加值比例数据上看发生了从第二产业主导的产业结构转向第三产业主导的产业结构的"转型"，但从效率上看并未显现出由于产业结构"转型"而产生经济效率整体提升的结构"升级"而引发的经济问题。这实质上还是一个如何提升经济增长质量的问题。

中国产业结构"转型"未"升级"的背后原因很复杂。一方面，服务业内部结构的高端化程度不够。服务业本身并不等于高端产业，服务业内各个行业性质差别较大，既有餐饮、家政等劳动力密集型服务业，也有金融、房地产等资本密集型服务业，还有软件和信息、科研设计等技术密集型服务业，其中技术密集型的服务业产值变化才更能够反映服务业内部结构的优化，而中国的服务业内部结构问题在于劳动密集型服务业占比相对较大，技术密集型服务业占比不够高。另一方面，三次产业融合还不够紧密，尤其是服务业对制造业转型升级支持不够。这既表现为服务业中资本密集型服务业呈现出以偏离实体经济自我循环为主的增长趋势，也表现为制造业与服务业结合不够，尤其是与技术密集型服务业结合不够，也就是服务型制造发展不够。这意味着，无论是从提升服务业内部结构升级，还是促进三次产业融合角度，都需要大力发展服务型制造，服务型制造的发展是中国产业结构实质上升级的关键。

从制造业发展看，随着制造业产品复杂程度的提高、信息技术的发展，近年来，世界工业化呈现出制造业服务化的趋势，服务型制造发展迅速。所谓服务型制造是制造业企业从投入和产出两个方面不断增加服务要素在生产经营活动中的比重，从而实现向消费者提供"制造＋服务"一体化解决方案、重构价值链和商业模式的全新生产经营方式，进而在产业层面表现为制造业与服务业融合发展的新型产业形态，这种新型产业形态既是基于制造的服务，又是面向服务的制造。虽然服务型制造源自制造业向价值链的两端延伸，但随着服务型制造迅速发展，一些服务业企业向制造环节深入的生产经营方式也屡见不鲜。服务型制造本质是制造业或制造环节与服务业或服务环节之间的融合发展的新业态、新模式。

无论是美国的先进制造业计划，还是德国"工业 4.0"，以及《中国制造 2025》，都将服务型制造或制造业服务化作为未来制造业发展的方向之一。这样做的关键原因在于服务型制造是制造业创新能力提升、制造业效率提高的重要源泉，有利于延伸和提升价值链，提高全要素生产率、产品附加值和市场占有率。尤其是新一代信息技术发展为服务型制造发展又提供了有力的支撑。在信息技术还不发达的时候，制造企业很难监测自家设备的运营状况，也很难掌握个体用户对产品的使用状态和身体状况。移动互联网、大数据、云计算、物联网、人工智能等信息技术的逐步成熟和产业利用，使这些成为可能，极大地推动了制造业的服务化转型，新商业模式、新业态的创新层出不穷。目前，制造企业不仅局限于研发、制造、销售产品和简单的售后服务，而且向它的客户（包括企业客户和消费者）提供越来越多的高附加值服务，比如个性化定制、提供综合解决方案、智能信息服务，等等。而且，对于制造业来说，向服务型制造转型可以减少对资源、能源等要素的投入，减轻对环境的污染，同时能够更好地满足用户需求、增加附加价值、提高综合竞争力。因此，基于制造业产品的服务活动已经成为越来越多制造企业销售收入和利润的主要基础，成为制造业竞争优势核心来源。例如，20 世纪 90 年代，IBM、HP、DELL 等计算机企业纷纷从卖硬件向服务转型，2017 年 IBM 更是提出向认知解决方案和云平台公司转型；宝马、奔驰等公司开展汽车分时共享业务。

从服务业发展看，以餐饮、商贸、流通为主的劳动密集型传统服务业，主要服务于生活消费，附加价值和生产率都较低；而作为制造业向高端进阶过程中分工细化产物的技术密集型服务业，既包括采用高技术装备的部门，如电信、金融，也包括本身创造高技术服务的部门，如软件、互联网信息服务等，主要服务于生产性活动，附加价值和生产率都较高。由于制造业发展不仅是整个国民经济实现创新驱动发展的物质基础，而且也是服务业向高端发展的重要支撑，制造业是科技创新最为活跃的部门，既是创新的来源方，也是创新的应用方，这些技术密集型服务业必须和制造业紧密结合，为制造业创新发展服务，才能寻求到持续的效率源泉和发展动力，因此，对于服务业而言，服务型制造发展本身也是服务业转型升级的内在要求。

因此，发展服务型制造无论对于制造业和服务业本身的转型升级，还是对整个产业结构的转型升级，都具有非常重要的意义。未来，随着服务型制造的发展，三次产业日趋融合，统计比例所展示的"结构转型"已经没有太大意义，关键是效率提升所揭示的"结构升级"。我们产业结构调整和产业政策的目标不应该再是统计意义上的工业和服务业在国民经济中的比重，而应是产业的运行效率、运营质量和经济效益。而要提高中国产业效率、实现产业升级，一定要抓住发展服务型制造业这个"牛鼻子"。当前，中国已经涌现出一批在服务型制造方面做得比较好的企业，但与国际先进水平相比总体还相差较远。在中国制造业大而不强的国情下，这直接影响了中国制造业效率的提升，进而影响了中国工业全要素生产率的提高和中国经济的潜在增长率。因此，必须从整个经济发展战略的视角高度重视发展服务型制造。

## ◈ 三　服务型制造的模式

服务型制造还是一个发展中的概念，要深度理解服务型制造还要具体分析当今制造业与服务业融合的具体模式内容。2016 年 7 月工业和信息化部、国家发展和改革委员会、中国工程院联合发布了《发展服务型制造专项行动指南》，以官方指导文件的形式具体明确了服务型制造的概念、模式和内涵。该指南认为，服务型制造是制造与服务融合发展的新型产业形态，是制造业转型升级的重要方向。制造业企业通过创新优化生产组织形式、运营管理方式和商业发展模式，不断增加服务要素在投入和产出中的比重，从以加工、组装为主向"制造＋服务"转型，从单纯出售产品向出售"产品＋服务"转变，这有利于延伸和提升制造业价值链，提高全要素生产率、产品附加值和市场占有率。服务型制造是增强产业竞争力、推动制造业由大变强的必然要求，是顺应新一轮科技革命和产业变革的主动选择，是有效改善供给体系、适应消费结构升级的重要举措。基于这个指南，推进服务型制造可以归结为促进十大模式的发展，即创新设计、定制化服务、优化供应链管理、网络化协同制造服务、提供制造外包服务、实施产品全生命周期管理、提供系统解决方案、创新信息增值服务、相关金融服务、相关智能服务。①

第一，创新设计。这是指重视创新设计，深化设计在企业战略、产品合规、品牌策划、绿色发展等方面的作用，探索发展众包设计、用户参与设计、云设计、协同设计等新型模式，用先进设计方法，提高企业创新能力。这要求引导制造业企业加大对设计的投入和应用，带动产学研用协同创新，鼓励竞争性领域优势企业建立独立设计机构，加快培育第三方设计企业，面向制造业开展专业化、高端化服务。政府需要建设创新设计公共服务平台，支持设计领域共性关键技术研发，鼓励研发具有自主知识产权的设计工具和软件，提高人机工程虚拟仿真应用水平。

第二，定制化服务。这是指为适应市场多元化需求，利用信息通信技术开展针对性定制化服务，增强定制设计和柔性制造能力，实现生产制造与市场需求高度协同，强化用户体验，提升产品价值。这要求通过客户体验中心、在线设计中心和大数据挖掘等方式，采集分析客户需求信息，增强定制设计和用户参与设计能力，支持社会中介组织、产业园区和互联网企业搭建信息采集服务平台，健全数据共享和协同制造机制，为制造业企业开展定制化服务提供应用支持和技术支撑。

第三，优化供应链管理。这是指制造业企业通过提升自己在供应链中的主导地位，促进信息流、资金流和物流的协同整合，以提升供

---

① 参见《工业和信息化部、国家发展和改革委员会、中国工程院关于印发〈发展服务型制造专项行动指南〉的通知》（工信部联产业〔2016〕231号），中华人民共和国工业和信息化部网站（http://www.miit.gov.cn/n1146295/n1652858/n1652930/n3757016/c5164359/content.html）。

应链整体效率和效益。这要求企业提高供应链管理专业化水平，整合内部物流资源，优化生产管理流程，企业要成立专门的供应链管理部门，或与第三方物流企业开展外包合作，推动供应链各环节有机融合，提升供应链一体化水平和竞争能力。要提高供应链管理水平，企业还要拓展信息通信技术在供应链管理领域的应用，推广智能化物流装备和仓储设施，提升计划、调度、运作、监控能力。政府要推进国家交通运输物流公共信息平台建设，完善供应链管理技术标准，提高运输、物流容器和搬运工具等标准化水平。

第四，网络化协同制造服务。这是指建立以制造业企业为中心的网络化协同制造服务体系，突破资源约束和空间约束，实现企业间协同和社会制造资源广泛共享与集成。这要求提升企业信息化水平，引导制造业企业增强信息化方案设计、系统开发和综合集成能力，支持软件和信息技术服务企业面向制造业提供信息化解决方案，开发低成本、高可靠的信息化软件系统。政府要大力推动云制造服务，支持制造业企业、互联网企业、信息技术服务企业跨界联合，实现制造资源、制造能力和物流配送开放共享，提供面向细分行业的研发设计、优化控制、设备管理、质量监控等云制造服务，推动创新资源、生产能力和市场需求的智能匹配和高效协同。

第五，提供制造外包服务。聚焦信息技术、业务流程和知识流程外包，推动外包专业化、规模化、品牌化发展，深化产业分工，促进产业链持续优化。改变企业"大而全""小而全"的经营模式，树立专业化、精细化管理理念，支持制造业企业提升专业化制造服务水平，积极承接离岸和在岸服务外包业务，深度嵌入产业链运营管理。积极搭建具有国际先进水平的大数据、云计算、电子商务等制造外包服务产业平台，不断提升产业竞争力。

第六，实施产品全生命周期管理。制造业企业实施产品全生命周期管理（PLM），就是系统管理从需求分析到淘汰报废或回收再处置的产品全部生命历程，着力统筹优化产品服务，综合协调产品、用户以及环境利益，实现产品经济价值和社会生态价值最大化。这包括以便利客户使用为导向，推广电子交互技术手册，完善设备运输、演示安装、设备调试、客户培训等交付服务；以保障产品质量和安全生产为导向，开展远程在线监测/诊断、健康状况分析、远程维护、故障处理等质保服务；以节能环保为导向，开展产品回收及再制造、再利用等绿色环保服务。

第七，提供系统解决方案。制造业企业提供专业化、系统化、集成化的系统解决方案，满足客户综合需求，全面提升企业竞争实力。这要求制造业企业通过业务流程再造和组织结构重构，集中整合资源优势，开展设施建设、检验检测、供应链管理、节能环保、专业维修等领域的总集成总承包。企业增强咨询设计、项目承接等系统解决能力，面向重点工程和重大项目，承揽设备成套、工程总承包（EPC）和交钥匙工程。

第八，创新信息增值服务。这是指企业利用软件和信息通信技术，创新服务模式，提升服务效率，提高产品附加值。企业需要针对客户特定需求，研发设计具备个性设定和动态更新功能的产品。在重大技术装备、特种设备和日用消费品等领域，企业要开展在线支持和数字内容增值服务。企业可以采购产业链相关企业提供的信息增值服务，实现生产经营管理信息集成和协同运营。政府需要支持制造业企业升级传感器、芯片、存储、软件等，依托大数据、云计算、物联网平台为客户提供实时、专业和安全的产品增值服务。

第九，相关金融服务。制造业企业发挥自身优势，在依法合规、风险可控的前提下，发起设立或参股财务公司、金融租赁公司、融资租赁公司，延伸和提升价值链，提高要素生产率。这具体包括发展供应链金融业务，为金融机构开展供应链金融（SCF）业务和投贷联动试点提供有效信息支撑服务；发展融资租赁业务，引导生产特定产品的企业通过设立金融租赁公司、融资租赁公司、租赁产业基金等方式，逐步发展大型设备、公用设施、生产线等领域的设备租赁和融资租赁服务。

第十，相关智能服务。创新发展以消费者为中心，以个性化定制、柔性化生产和社会化协同为主要特征的智能服务网络。鼓励企业充分利用信息通信技术，突破研发设计、生产制造、销售服务的资源边界和运营边界，推动生产和消费、制造和服务、产业链企业之间全面融合，促进产业、人力、技术、金融等资源高度协同。

## ◇ 四 发展服务型制造的着力点

从世界服务型制造的发展来看，中国服务制造的总体发展水平还相对较低，制造业服务产出落后于世界主要制造业国家。从制造企业自身角度看，一方面，制造企业对服务化战略认识不足，企业对于制造业服务化的认识还处在起步阶段，对于制造业服务化转型的战略意义缺乏充分的认识，对制造业服务化转型过程中的新格局、新商业模式还有畏难情绪；另一方面，中国制造企业核心能力总体还相对缺乏，整体竞争层次较低，竞争策略主要依赖成本优势和价格竞争，处在全球价值链的低端环节，因此开展服务型制造的资源不充分。从服务型制造发展环境看，一是中国总体上服务业生产效率较低，中国服务业生产率明显低于制造业，制造业相对服务业具有"比较收益"，造成制造企业没有足够的动力发展服务业务；二是政府对服务型制造支持政策力度还不够，无论是从财税体制来看，还是从土地制度以及金融体制来看，都不利于服务型制造发展；三是服务型制造所需要的跨学科复合型人才、创意型人才还不足，中国目前教育体系还是面向制造业或服务业培养专业人才，人才培养模式和课程设计无法满足制造业服务化转型的需要。

服务制造的发展是一场商业模式的革命，既需要宏观政策的支撑，也需要重点行业的龙头企业发挥品牌技术优势，积极推动服务化转型。具体而言，应该在以下五方面着力推进。[1]

一是培育产业融合发展观念，构建一体化产业政策体系。长期以来中国的产业政策是以严格产业门类和政府部门职能分工为制定和运行的基本前提。甚至如果将"服务型制造"这个术语改为"制造业服务化"，有人就会认为产业政策归口部门可能应该从工业和信息化部转为商务部。但是，当今产业发展趋势是产业融合，尤其是新一代信息技术推进下大量的新业态、新模式层出不穷，无论是产业政策还是政府部门，都需要适应这种产业融合的趋势。对于发展服务型制造而言，需要建立一体化的产业政策体系，消除服务业和制造业在税收、金融、科技、要素价格上的政策差异，降低交易成本。例如，要把高技术现代服务业和高技术制造业全部纳入高新技术产业的范畴给予支持，还有，在税收体制改革中，一定要注意避免出台不利于服务型制造发展的税收政策；同时，要从客户需求的视角整合行业管理部门的职能，制定相互协调融合的行业监管、支持政策，形成合力，推

① 黄群慧：《中国制造如何向服务化转型》，《经济日报》2017年6月16日。

动服务型制造的大发展。另外要完善土地制度，采取协议出让的方式，降低服务业用地成本；最好还要加大消费者保护力度，逐步改变以"物"为中心的理念。由于中国长期注重保护企业的利益，而对消费者的权益保护严重不足，致使企业获取收益机制就是依靠一次性出售产品，而不是关注产品对消费者的价值，因此应加大消费者权益保护力度，迫使企业与消费者建立长期、多次合作关系。

二是强化两化融合发展观念，提升信息技术支持能力。信息技术是服务业与制造业融合的"黏合剂"，《中国制造2025》和《发展服务型制造专项行动指南》都十分强调大力发展面向制造业的信息网络技术服务，提高重点行业信息应用系统的方案设计、开发、综合集成能力。对于服务型制造而言，低时延、高可靠、广覆盖、更安全的工业互联网基础设施体系是硬件基础，必须加快建设；而低成本、高可靠的信息化软件系统，以及集成消费、设计、生产、销售和服务全过程的工业大数据应用服务是软件基础，需要加速开发推进。要通过大力推动云制造服务，支持制造业企业、互联网企业、信息技术服务企业跨界联合，实现制造资源、制造能力和物流配送开放共享。

三是树立产业生态系统观念，加强制造服务平台建设。产业创新发展的关键取决于其能否有一个健康的生态系统。服务型制造的发展是对原有产业价值链条的重构，企业需要在新的生态系统中重新确定自己的价值地位。为了鼓励服务型制造的发展，政府一方面要围绕制造业服务需求，建立创新设计、物流服务、质量检验检测认证、市场营销、供应链管理等生产性服务公共平台，培育研发、法律、工程、融资、信息、咨询、设计、租赁、物流等生产性服务业体系，提升产业结构层次，加强制造业配套能力建设；另一方面要加强信息化网络服务平台建设，积极搭建具有国际先进水平的大数据、云计算、电子商务等服务外包产业平台，积极研究工业互联网网络架构体系，加快制定面向工业互联网平台的协同制造技术标准，以及产业链上下游间的服务规范。

四是树立客户至上观念，寻求重点突破的行业和模式。服务型制造的一个重要效率源泉是对客户潜在需求的一体化深度满足。以挖掘客户需求为突破口，在重点行业实施服务型制造行动计划，创新个性化、专业化的服务型制造模式。从制造业服务化的典型案例和发展趋势来看，当前中国发展服务型制造重点是装备制造业、白色家电制造业、电子信息消费品制造业以及衣饰家具制造业等行业，可重点发展的服务模式有为客户提供专业化的供应链金融、工程机械融资租赁等服务，为客户提供包括自产主体设备、设备成套、工程承包、专业化维修改造服务、专业化远程全面状态管理在内的整体解决方案，为每一位客户量身定制一步到位、全方位的整体供应链解决方案，等等。对于白色家电制造业，当前重点发展提供设计、制造、维修、回收等全生命周期服务；对于衣饰和家具行业，重点发展客户参与的大规模定制服务等；电子信息消费品行业服务化的方向是"线下产品＋线上服务"，提供智慧生活服务。为不同行业服务导入重点和需求，可以有针对性地选择突破（见表9—2）。

表9—2　　　　　　　　　　不同制造行业服务导入的重点和需求

| 行业 | 发展需求 |
| --- | --- |
| 机床工具 | 设备再制造、整体解决方案、检测维修、远程监控；研发设计、试验、检测；人力资源开发培养体系 |
| 农业机械 | 供应链管理优化 |
| 工程机械 | 回收再制造、整体解决方案、物流平台、研发设计平台、试验等 |

续表

| 行业 | 发展需求 |
|------|----------|
| 重型矿山 | 工程总包、工程成套；备件服务；远程监控；产品生命周期结束后的回收、处理、再制造 |
| 石化通用 | 检测；共享平台建设；解决方案；供应链管理优化；接受客户委托进行产品的研发、设计服务 |
| 基础件 | 长期协议服务；备品备件服务 |
| 汽车 | 长期协议服务；汽车产品开发、技改工程 |
| 电工电器 | 产品研发、工程成套、制造外延、电线电站产品及原材料检测 |
| 仪器仪表 | 提供整体解决方案、检测、共享平台建设、供应链管理优化、系统优化 |

资料来源：安筱鹏：《制造业服务化路线图：机理、模式与选择》，商务印书馆 2012 年版，第292 页。

五是树立以人为本教育理念，不断完善教育培训体系。产品服务系统、整体解决方案主要是依托高新技术以及现代经营方式和组织形式而发展起来的，是知识密集、技术密集型产业。在制造企业导入服务的过程中，要求供应商既要对自己的产品设备的特点、工艺流程、生产布局以及项目管理等有深入的了解，还要精通现代服务理念、服务模式。同时由于服务具有无形性、同步性、异质性和不可储存性，需要从业人员有良好的团队协作能力和服务意识、良好的沟通应变和实践技能。但是，中国现有的教育体系还是培养面向制造业或服务业的专业人才，还没有高等学校设立服务型制造方面的专业，人才培养模式和课程设计与服务型制造的发展需求相脱节。因此，中国应调整高等教育、职业教育的发展重点和教育模式，大力发展实训基地，为服务型制造发展提供合适的人才。同时，企业要制订符合自己特点的人才培养计划，并制定吸引人才、留住人才的制度、措施和机制，为服务型制造发展提供人才支撑。

# 第 十 章

# 工业基础

2018 年 10 月 5 日，美国发布《评估和强化制造与国防工业基础及供应链弹性》非密版报告，这是一份由总统指令、国防部工业政策办公室领导，商务部、劳工部、能源部和国土安全部等多个政府部门参与，历时一年多完成的报告。该报告指出美国的制造与国防工业基础支撑经济的繁荣和全球竞争力，目前该工业基础面临一些前所未有的挑战。这个报告本身在一定程度上反映了美国对于工业基础能力的重视。一般而言，工业基础主要包括核心基础零部件（元器件）、关键基础材料、先进基础工艺和产业技术基础（简称"四基"），直接决定着产品的性能和质量，是工业整体素质和核心竞争力的根本体现，是制造强国建设的重要基础和支撑条件。因此，如果说制造业是强国之基，那么工业基础则是强国的基石了。

## ◇ 一 工业化的时间要素

改革开放以来，虽然中国快速推进了工业化进程，步入工业化后期，成为一个世界第一的工业大国，但是，不能忽视的是，工业化进程除了需要投入资本、劳动力、土地以及到工业化后期更为重要的创新等要素外，还需要"时间"要素。中国是一个典型的赶超型后发国家，以发达国家为标杆，充分发挥了"人口红利"，成功地实施了出口导向工业化战略，通过改革开放极大地释放了生产力，这促进了中国经济跨越式发展的"赶超奇迹"。但是，中国工业化进程中还有一些问题需要"时间"来解决，"跨越式发展"不能解决工业化进程中的所有问题。基于 GDP 计算的经济总量，所反映的仅仅是一个国家创造的财富新增流量，而不是一个国家所拥有的财富总量。中国虽然在 GDP 上已经是世界第二的世界性大国，但由于中国工业化开始时间较晚，中国所拥有的工业财富总量还远远不够。根据一项研究的估算，2008 年，美国财富总量是中国的 5.9 倍，日本是中国的 2.8 倍；美国生产性财富（工业生产物蓄存量）是中国的 3.8 倍，日本是中国的 2.4 倍；而人均生产性财富美国是中国的 16 倍，日本是中国的 25 倍。如果美、日、中三国均保持当前的生产性财富增速，中国人均生产性财富要到 2034 年和 2035 年才能赶上美、日两国；而人均财富总量赶上美、日则需要更长时间。[①] 这意味着中国还需要更长时间来深化工业化进程，积累国家财富。

不仅如此，工业化的"时间"要素还决定了中国许多关键的基础技术并不具备。财富积累需要时间，知识和技术的积累同样需要时间，很多关键的基础技术是需要时间耐心"打磨"才能获得的。在出口导向工业化战略驱动下，中国充分利用了后发优势快速地发展成为工业大国，形成了门类较为齐全、能够满足整机和系统一般需求的工业体系，但是，核心基础零部件（元器件）、关键基础材料严重依赖

---

① 金碚：《推进工业化仍是我国重要战略任务》，《光明日报》2014 年 12 月 1 日。

进口，产品质量和可靠性难以满足需要；先进基础工艺应用程度不高，共性技术缺失；产业技术基础体系不完善，试验验证、计量检测、信息服务等能力薄弱。工业基础能力不强，严重影响主机、成套设备和整机产品的性能质量和品牌信誉，成为进一步提高工业化水平和质量的瓶颈。[①] 这说明，虽然中国快速的工业化进程促进了中国的工业发展和经济增长，但是中国的工业基础积累还不够，许多需要时间来积累的知识和技术还没有真正掌握。

从中国工业化技术进步分析，作为后发国家的中国，其技术源泉主要依靠国外发达国家，其技术获取的路径主要包括几方面，一是参加全球价值链分工、利用从事加工装配过程"干中学"；二是通过"市场换技术"，在合资过程中把外资引入中国市场，这个过程产生了技术外溢效应；三是直接引进技术和人才，通过学习引进技术提高自己的技术水平。无论是哪个途径，所谓的"工业四基"——核心的基础零部件（元器件）、关键的基础原材料、先进基础工业、产业技术基础都是很难获得的。于是形成了中国工业发展"卡脖子"的工业基础问题，工业基础不强成为制约中国工业发展的关键因素。

2018 年美国挑起与中国的贸易摩擦，对中兴公司进行了制裁，一时间芯片问题成为中国家喻户晓的"痛"。但是，芯片问题只是中国电子信息产业的一个"阿喀琉斯之踵"，在各个制造业行业中，都存在"工业四基"落后所形成的"卡脖子"现象。例如，军用飞机和民用飞机的发动机、机载电子设备、关键材料和配套件大量进口，特别是高性能发动机面临国外禁运的困局；高铁装备所需的轴承、制动系统、轮对、高强度螺栓等核心零部件（元器件）80% 以上需要进口；大型

---

① 《工业强基工程实施指南（2016—2020 年）》，青岛市经济和信息化委员会网站（http：//www.qdeic.gov.cn/n28356049/n32561453/180409083230383780.html）。

工程机械所用的 30MPa 以上高压泵、阀、马达和控制系统、高性能发动机几乎全部进口。[①] 在中国 2016 年颁布的《工业强基工程实施指南（2016—2020 年）》中，提出推动 80 种左右标志性核心基础零部件（元器件）、70 种左右标志性关键基础材料、20 项左右标志性先进基础工艺实现工程化、产业化突破（总共 170 种），先进轨道交通装备、信息通信设备、高档数控机床和机器人、电力装备领域的"四基"问题率先解决。该指南还具体规划实施重点产品、工艺"一条龙"应用计划，这些重点产品包括：传感器，控制器，控制系统，高精密减速器，伺服电机，发动机电喷系统，轻量化材料精密成形技术，高速动车组轴承及地铁车辆轴承，IGBT 器件，超大型构件先进成形、焊接及加工制造工艺，超低损耗通信光纤预制棒及光纤，工程机械高压油泵、多路阀、马达，航空发动机和燃气轮机耐高温叶片，高性能难熔难加工合金大型复杂构件增材制造（3D 打印），石墨烯，存储器 16 项。[②] 这也从一定程度上反映出中国工业基础能力薄弱问题的普遍性。

在认识到中国工业发展的基础能力薄弱问题后，通过系列规划或者政策促进中国工业基础能力的提升是必要和紧迫的。但是还必须客观地认识到，这些问题的解决绝不是通过"大跃进"式运动在短时间内可以解决的。在这方面必须有耐心，必须认识到后发国家的工业化进程可以提速，但是工业化财富和技术也是需要时间积累的。当美国在努力遏制中国技术进步、封锁中国的技术创新源时，我们更加需要

---

① 谢振忠：《基础支撑发展　强基制胜未来——解读〈工业强基工程实施指南（2016—2020 年）〉》，中国报告网（http://news.chinabaogao.com/hgjj/201612/1292611602016.html）。

② 《工业强基工程实施指南（2016—2020 年）》，青岛市经济和信息化委员会网站（http://www.qdeic.gov.cn/n28356049/n32561453/180409083230383780.html）。

静下心来提高自己的知识和技术原创能力。实际上，这不仅仅是一个科研经费投入的问题，更是创新的生态系统的完善，涉及教育体制、科研体制、社会文化环境、产业体系和市场体系等各个方面的变革。当中国遇到芯片"卡脖子"问题之后，社会上更多的声音是加大投入、集中攻关来解决芯片问题。这种措施的必要性是毋庸置疑的，但更为关键的是，我们需要思考对于芯片这种技术迭代很快、市场化程度很高的核心基础零部件，能否像原子弹那样通过短时间的集中攻关解决。不同的技术因其本身特征差异，技术创新的路径是有区别的，我们必须尊重技术进步的规律。如果认识到一个国家的工业化进程还需要"时间"作为一种投入要素，也许我们会更能心平气和一些，更能从长远战略视角、从全局系统视角来思考如何培育中国的工业基础能力提升问题。工业与金融业不同，工业技术需要长时期的专心致志、锲而不舍的积累和钻研，我们需要继续深化中国工业化进程，创造一个有利于工业专心创新发展的生态环境。在当前中国经济"脱实向虚"趋势日益明显的情况下，这一点至关重要。去掉浮躁心态，专注于中国的工业基础，这是中美贸易摩擦给中国发展的一个很好的启示。

## ◇ 二　"工匠精神"

对于中国制造业发展而言，"工业四基"是最为关键的工业基础。但是，这只是有形的工业基础，我们不仅需要这些有形的物质技术层面的工业基础，更需要无形的精神文化层面的工业基础。在制造强国建设的大背景下，"工匠精神"这个已经失落多年的用语重新返回舞台，日益成为政府、学界和媒体讨论的热点。

在传统意义上,"工匠精神"一般用于描述传统手工艺匠人所传承的慢工细活、钻研技艺、认真专注、一丝不苟、精益求精的工作态度和职业精神。随着第一次和第二次产业革命的演进,传统手工艺匠人逐步被现代产业工人所取代,大规模流水生产成为主导的技术经济范式,"慢工细活"的这种工匠理念与追求高效率和规模经济的现代化大生产显得有些格格不入了。那么,为什么在今天建设制造强国的背景下我们重新倡导"工匠精神"呢?重新倡导"工匠精神"是我国从制造大国转向制造强国的需要。

现代意义的"工匠精神",扬弃传统手工业工匠"慢工细活"的具体操作性内涵,抽象为现代产业工人对工作所秉持的认真专注、精益求精的敬业精神。在当前中国已经成为工业大国但还不是工业强国的基本国情背景下,中国制造业发展战略亟待从数量扩张向质量提升转型,而精益求精的"工匠精神"正是高质量"中国制造"的文化基础。在精益求精的精神驱动下,现代产业工人会锲而不舍追求技能的提升,从而促进工艺创新、产品创新和质量完善。当今世界的制造强国,无一不是高度重视"工匠精神"的。德国和日本的制造强国地位与其产业工人"工匠精神"密不可分,即使是美国这样的国家,其创新源泉也根植于认真专注、精益求精的"工匠精神","工匠精神"也被认为是"缔造伟大传奇的重要力量"。[1]

"工匠精神"一般是指产业工人的敬业精神,但现在可以引申为泛指各行各业精益求精的敬业精神。而且,在当前制造强国建设的背景下,提倡现代产业工人要具有"工匠精神",不能忽视的是其另外

---

[1] 黄群慧:《工匠精神的失落与重塑》,《光明日报》2016年6月29日。

一层重要含义，那就是赋予现代产业工人具有更高的社会地位和价值。具有"工匠精神"的产业工人不再是现代大生产系统的一个"螺丝钉"，而是在整个制造过程中具有主导力量的"工匠"，是具有"匠心"的工业"艺术品"的"大师"，所从事的是一项值得自豪和崇尚的职业。

从古代的鲁班和庖丁，到中华人民共和国成立后的"八级工"，中国一直就不缺少对"工匠精神"的推崇。1956年制定、后经过修订的企业八级技术等级制度，得到当时企业工人和全社会的普遍认可，"八级工"成为工人终生奋斗的职业生涯目标。一句歇后语"八级工拜师——精益求精"从一个侧面反映了"八级工"制度对"工匠精神"的很好诠释。

但是，近些年来出现了众多不利于"工匠精神"传承和发扬的社会经济环境因素，传承和发扬"工匠精神"的制度基础也逐渐被削弱，现代产业工人的"工匠精神"开始失落。一是从产业角度看，随着中国工业化进程进入中后期，尤其是进入工业化后期，在泛泛地大力发展服务业的战略指导下，中国经济呈现出过早"去工业化"迹象，政策、资金、人才等各种资源"脱实向虚"问题日趋严重，几乎成为一个无法根治的痼疾。制造业地位，尤其是制造业对于创新型国家建设的意义没有得到应有的重视，源自制造业的"工匠精神"也就无从谈起。二是从制造业自身发展看，在低成本赶超型战略驱动下，重视生产规模而忽视产品质量，对能够保障产品高质量的生产制造动态能力关注和培育不够。错误地信奉所谓的"微笑曲线"，制造环节的价值被大大低估，对营销技巧的重视远远高于对制造环节生产工艺改善和质量提升的重视，没有认识到同一种产品因质量差异其"微笑曲线"会完全不同，对于高质量产品的"微笑曲线"可能会变成

"沉默曲线"或者"悲伤曲线",精益求精的"工匠精神"所带来的高附加值没有被认识到。三是从社会环境看,姑且不论作为现代产业工人主体之一的农民工,因市民化进程缓慢,其社会地位一直未得到明显提升,单从现代产业工人中的技术工人群体看,其社会地位近年来也一直没有得到应有提升,未能成为中产阶级的组成部分。在大学生的择业观念中,金融业是多数人的职业首选,2011—2015年,金融业正规就业人员增加100万人,中国金融业从业人员已经达到600万人左右。如图10—1所示,针对北京大学与清华大学2016年毕业生工作去向的调查表明,金融业是第一位,吸引了两校约1/4的毕业生,北京大学占比为26.4%,清华大学占比为21.2%,远高于IT、教育、科研、公共管理和制造业;清华大学制造业占比仅7.4%。①即使进入制造业,多数人也要先选择一般行政管理和营销工作,做技术工人成为大家不得已的选择。社会学者基于人口普查数据分析表明,在2000—2010年的10年中,中国社会职业结构中技术工人的占比从11.2%下降到9.8%,下降了1.4%,而营销群体、办事员从2.9%上升到13.34%,增长了10.44%。技术工人的社会地位不仅与中产阶级的地位相差甚远,也低于营销人员、办事员群体。在产业工人的社会地位不断下降的环境下,"工匠精神"逐步缺失也就难以避免。

一种精神或者文化的培育,往往都要经历社会文化环境与经济法律制度相互作用的复杂而漫长的过程。"工匠精神"的培育,仅仅靠宣传教育是不够的,直接学习移植日本、德国的"工匠文化"也是难以实现的,它需要社会文化环境改造与理性激励制度完善的

---

① 资料来自北京大学和清华大学《2016年毕业生就业质量报告》,转引自卓贤《金融膨胀与中国经济转型》,《财经》2018年第13期。

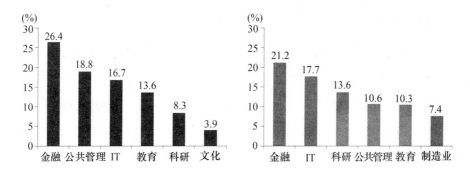

**图10—1　北京大学（左图）与清华大学（右图）2016年毕业生的就业结构**

资料来源：北京大学和清华大学《2016年毕业生就业质量报告》，转引自卓贤《金融膨胀与中国经济转型》，《财经》2018年第13期。

综合作用。一方面，要逐步改善中国社会文化环境，重视实体经济的发展，尊重"工匠精神"，提高对制造业发展、对精益求精理念的重视，推进低成本赶超战略观念转型，改变重视增长数量忽视发展质量的政府政绩观，积极推进专注品质、精益求精的"工匠精神"的建设；另一方面，需要完善激励制度与改善社会文化环境相协同，当务之急是，要切实解决"脱实向虚"导致的"虚实失衡"结构问题，同时在职业培训体系、职业社会保障、薪酬和奖励制度等方面改革完善，尤其需要强调完善的激励制度，通过激励制度体系的建立完善，逐步引导培育产业工人精益求精的行为习惯，最后形成超越制度的行为准则和价值观念，"工匠精神"才会形成。这要求围绕产业工人的技能提升培训、钻研精神奖励、创新导向激励、职业社会保障等各方面建立完善相应的激励制度体系。当前特别要解决的是"精英型"的技术工程人才培养问题，通过深化高等教育体制改革填补中国"低端职业教育"不能满足"高端制造"发展要求的空白。

　　在注意培育"工匠精神"的同时，还要注意"工匠精神"与

"企业家精神"的协同，协同推动"企业家精神"培育与弘扬"工匠精神"。持续创新、不畏风险是"企业家精神"的核心内涵，精益求精、专心致志是"工匠精神"的基本要义。中国工业基础提升，一方面需要培育和发扬持续创新的"企业家精神"，以"企业家精神"促进制造企业战略转型，进而推动制造业从中低端向中高端转型，提升整体制造业品质；另一方面需要培育和弘扬精益求精、追求卓越的"工匠精神"，通过这种精益求精的"工匠精神"不断改善制造企业的工艺和技术，进而持续提升制造产品的质量和信誉。推动中国制造的基础，既要有一大批具有创新精神、专注制造业发展的企业家，也要有一大批精益求精、不断创新工业改进产品质量的现代产业工人。

## ◇ 三 工业强基工程

近些年，中国高度重视工业基础建设问题，在《中国制造2025》中专门提出了工业强基工程。2016年，为落实制造强国建设战略部署，工业和信息化部牵头，会同国家发展和改革委、科技部、财政部、中国工程院、国防科工局、质检总局、国家标准委7个部门，共同发布了《工业强基工程实施指南（2016—2020年）》。该指南围绕《中国制造2025》十大重点领域高端突破和传统产业转型升级重大需求，坚持"问题导向、重点突破、产需结合、协同创新"，以企业为主体，应用为牵引，创新为动力，质量为核心，聚焦五大任务，开展重点领域"一揽子"突破行动，实施重点产品"一条龙"应用计划，建设一批产业技术基础平台，培育一批专精特新"小巨人"企业，推动"四基"领域军民融合发展，着力构建市场化的"四基"发展推进机制，为建设制造强国奠定坚实基础。

中国工业强基工程的目标是，经过 5—10 年的努力，中国制造业的部分核心基础零部件（元器件）、关键基础材料达到国际领先，产业技术基础体系较为完备，"四基"发展基本满足整机和系统的需求，形成整机牵引与基础支撑协调发展的产业格局，夯实制造强国建设基础。到 2020 年，中国工业基础能力明显提升，初步建立起与工业发展相协调、技术起点高的工业基础体系。

具体而言，围绕《中国制造 2025》十大重点领域，中国工业强基工程积极推进，近两年，工业强基工程支持的项目已经涵盖了十大重点领域的许多方面。[①]

新一代信息技术领域，包括高端片式电阻、电容、电感，嵌入式射频模组基板，56Gbps 高速连接器，高频片式压控晶体振荡器，光电监测传感器等核心基础零部件，超低损耗光纤、彩色光刻胶、半导体级高纯多晶硅等关键基础材料，精密及超精密加工工艺、集成电路制造工艺等先进基础工艺，电子元器件质量检测及可靠性技术基础公共服务平台、集成电路公共服务平台等产业技术基础。

高档数控机床和机器人领域，包括工业机器人轴承，机器人视觉传感器，高响应、高精度、高速系列伺服电机，高档机床用主轴等核心基础零部件，金属粉末增材制造工艺等先进基础工艺，先进焊接工艺与智能焊接技术装备开发与服务平台等产业技术基础。

航空航天装备领域，包括航空抽芯铆钉等核心基础零部件，航空用高精度高温合金管材、高温单晶母合金、低残余应力航空铝合金材

---

① 国家制造强国建设战略咨询委员会编著：《中国制造 2025 蓝皮书（2018）》，中国工信出版集团、电子工业出版社 2018 年版，第 432—438 页。

料等关键基础材料，航空轴承检测鉴定公共服务平台等产业技术基础。

海洋工程及高技术船舶领域，包括大功率舰船用发动机传动链条等核心基础零部件，海洋工程及能源装备用特殊钢材、海洋工程用高强耐碱集成化玻璃纤维材料等关键基础材料。

轨道交通装备领域，包括动车组齿轮传动系统、制动系统、轨道交通用动力型超级电容器等核心基础零部件，高速列车车体底架用7000系高性能铝合金结构材料等关键基础材料，以及城市轨道交通列车通信与运行控制公共服务平台产业技术基础。

节能与新能源汽车领域，包括先进高效机电耦合驱动系统、智能网联汽车操作系统及软件、轿车用第三代轮毂轴承单元、汽车轻量化关键零部件等核心基础零部件，锂电池用高纯晶体六氟磷酸锂材料、汽车用高端模具钢等关键基础材料，轻量化材料精密成形工艺等先进制造工艺，汽车开发集成数据库公共服务平台等产业技术基础。

电力装备领域，包括柔性直流输电试验系统、柔性直流输电用控制保护系统、自主三代核电技术关键传感器及仪表组件等核心基础零部件，超临界火电机组用特种不锈钢管、高端电器装备用电工钢等关键基础材料，能源装备高性能叶片制造工艺等先进基础工艺，智能电网用户端产品开发检测及可靠性技术基础公共服务平台的产业技术基础。

农业装备领域，主要是大型经济作物收获机械液压系统核心基础零部件一个项目。

新材料领域，包括耐650℃以上高温钛合金材料、轴承用高标准轴承材料、无石棉复合纤维等关键基础材料，以及碳纤维复合材料试验公共服务平台、高纯稀土检测服务平台等产业技术基础。

生物医药及高性能医疗器械领域，包括医用 CT 机用高能 X 射线管组件、静电图像显影剂用磁性载体、创新药物等关键核心基础零部件，以及高性能医疗器械技术服务平台等产业技术基础。

在国家推进工业强基工程的号召下，各省（自治区、直辖市）积极推进工业强基工程，结合自身产业特点，在各项规划中围绕工业"四基"领域制定具体发展目标并加以落实。部分"四基"产业集中的省（直辖市）特别制定了工业强基工程的专项实施方案（见表 10—1）。例如，江苏省制定了《江苏省工业强基工程三年实施方案》后，将工业强基作为制造业技术改造的重要内容和重要支撑，在技术改造专项资金中进一步加大了对工业基础能力建设的支持力度。截至 2018 年 2 月，江苏省累计培育国家级企业技术中心 105 家；实施工业强基工程，推进总投资近 1000 亿元的 80 个重点项目建设，9 家企业中标国家强基项目；22 家企业（产品）被认定为国家制造业单项冠军示范企业（产品）。又如，福建省制定了《福建省工业强基工程实施方案（2016—2020 年）》，储备工业强基工程重点项目 129 项。2017 年，福建省对强基重点项目的累计投资达到 64 亿元，组织实施的关键基础材料、核心基础零部件（元器件）和先进基础工艺领域项目分别为 18 项、25 项和 8 项，其中已进入试生产、部分投产或投产阶段的项目分别为 13 项、15 项和 3 项。

表 10—1 部分省（直辖市）工业强基工程推进情况

| 省（市） | 主要政策 | 关键措施或进展 |
|---|---|---|
| 江苏 | 《江苏省工业强基工程三年实施方案》《江苏省工业强基工程重点项目计划（2016—2018 年)》 | 截至 2018 年 2 月，累计培育国家级企业技术中心 105 家；实施工业强基工程，推进总投资近 1000 亿元的 80 个重点项目建设，9 家企业中标国家强基项目；22 家企业（产品）被认定为国家制造业单项冠军示范企业（产品） |
| 福建 | 《福建省工业强基工程实施方案（2016—2020 年)》 | 2017 年，组织实施关键基础材料领域项目 18 项，全年累计完成投资 15 亿元，13 个项目已进入试生产、部分投产或投产阶段；组织实施核心基础零部件（元器件）领域项目 25 项，全年累计完成投资 47.5 亿元，15 个项目已进入试生产、部分投产或投产阶段；组织实施先进基础工艺领域项目 8 项，全年累计完成投资 1.6 亿元，3 个项目已进入试生产、部分投产或投产阶段 |
| 浙江 | 《浙江省产品升级与工业强基工程实施方案》《浙江省重点产业关键共性技术指导目录》 | 每年组织实施 100 项左右省级产品升级换代示范项目。开发一批高性能、高可靠性、智能化的传感器芯片、汽车电子专用芯片、智能电网控制芯片、工业控制芯片等专用电子产品，突破磁性材料、氟硅新材料、高性能纤维材料及产业用纤维材料等领域关键技术 |
| 重庆 | 《重庆市工业强基工程实施方案》 | 突破了一批关键核心技术：材料研究院实现核电技术关键传感器及仪表组件国产化，长安汽车"以塑代钢"轻量化技术开发体系打破外资企业技术垄断，重庆钢铁研究院高温合金管材产品成功配套中航工业等飞机发动机产品 |
| 辽宁 | 《辽宁省工业强基工程实施方案（2016—2020 年)》《辽宁省工业"四基"发展目录》 | 辽宁忠旺集团、辽宁新风企业集团、抚顺特钢集团等 9 家企业的强基项目填补了国内空白，达到世界领先技术水平 |

续表

| 省（市） | 主要政策 | 关键措施或进展 |
|---|---|---|
| 上海 | 《上海市工业强基工程实施方案（2017—2020）》《上海市工业"四基"发展目录（2017—2020）》《上海市工业强基专项支持实施细则》 | 计划推动40种标志性核心基础零部件（元器件）、20种标志性先进制造工艺、30种标志性关键基础材料实现工程化、产业化突破；建立5—10个国家级产业共性技术研发平台和试验验证、计量测试、检测平台，培育和打造10—20个市级研发、试验、检测公共平台 |
| 湖北 | 《湖北省工业强基工程实施方案（2016—2020）》 | 计划推动约80种标志性核心基础零部件（元器件）、约70种标志性关键基础材料、20项左右标志性先进基础工艺实现工程化、产业化突破。先进轨道交通装备、信息通信设备、高档数控机床和机器人、电力装备领域的"四基"问题率先解决。培育100家左右年销售收入超过10亿元、具有国际竞争力的"小巨人"企业；形成10个左右具有国际竞争力、年销售收入超过300亿元的基础产业集聚区 |
| 广东 | 《广东省工业企业技术改造三年行动计划（2018—2020年)》 | 围绕关键基础材料、核心基础零部件（元器件）、先进基础工艺和产业技术基础，推广应用先进制造工艺，加强计量测试技术研究和应用，实施工业基础能力提升的工业强基工程 |
| 陕西 | 《陕西省2016年工业强基工程实施方案》 | 选择8户对全省工业强基具有引领作用的示范企业，突破技术瓶颈，赶上或接近世界先进水平，带动和引领全省工业强基企业追赶超越，到2020年，工业强基示范试点企业达到30户，组织实施70项强基项目，力争攻克一批关键核心共性技术 |

资料来源：根据相关资料与实地调研情况整理。

应该说，通过工业强基工程，近些年中国的工业基础能力得到一定程度的提升，效果显著。但是，总体而言，提高中国工业基础能力，还有很长的路要走。实际上，中国各级政府推进工业强基工程具有一定的盲目性，因为中国还缺少像美国那样的连续性的工业基础评估制度和方法，真正对中国庞大的工业基础了解还不科学充分。美国每年要进行两次工业基础调研和评估，分别由国防部和商务部从军民两个层次推动。美国国防部的制造业与工业基础政策（MIBP）办公室从 1997 年开始引入工业基础的年度评估，并每年提交《年度工业能力报告》；2011 年起开始引入评估框架，有效地规范了工业基础调研的方法。美国商务部产业安全局技术评估办公室每年也会启动工业基础调查，评估工业基础能力，分析核心产品和技术的外国掌握情况，几十年来，该局已经提交了 70 多份研究报告。而中国相关的工业基础能力调查更多的是融入经济普查中，2004 年开展了全国第一次经济普查，2018 年开始进行第四次经济普查。这无论是从次数还是从针对性和全面性上看，都与美国的工业基础调查不可同日而语。因此，重视中国工业基础能力提升，当前最急迫的是建立工业基础评估的制度和方法。在当前中美贸易摩擦的背景下，建立工业基础评估的制度更为急迫，通过工业基础评估，中国可以把握工业的创新链、供应链、产业链和价值链分布，对建立弹性供应链以及在与美国贸易摩擦中占据主动地位具有重要的意义。

# 第十一章

# 战略与政策

2015 年 5 月 19 日，中国正式发布《中国制造 2025》，这是一个制造强国建设的 10 年行动纲领，也意味着中国开始全面部署实施制造强国战略。中国制造强国战略本身是一种产业政策，而要实施制造强国战略，还要进一步通过产业政策体系来实现。截止到 2016 年年底，《中国制造 2025》的"1 + X"规划体系全部完成，这意味着已经形成了围绕制造强国建设的一系列产业政策体系，中国的制造强国战略从提出部署转入全面实施的新阶段。但是在推进制造强国战略过程中，也面临一些问题，支持制造强国战略的政策体系也需要进行一些动态调整。

## ◇ 一 认识中国的产业政策

在经典的西方教科书中，财政政策、货币金融政策、收入分配政策、国际贸易政策、农业政策、劳动政策、反垄断政策等构成了经济政策体系的核心内容，产业政策难见踪影。[①] 产业政策产生于20世纪50年代日本的实践，随着对日本"经济奇迹"的影响，欧美等发达国家也逐步关注产业政策，到20世纪70年代OECD开始研究其成员国的产业政策问题，产业政策这个概念也逐步在世界范围内被人们所接受。关于日本产业政策的评价一直存在各种争议，有人将日本20世纪中期的"经济奇迹"归结于产业政策，也有人认为产业政策的"主刀"通产省"臭名昭著"。尤其是进入20世纪70年代以后，随着日本经济高速增长进入尾声，日本经济学界出现了大量对产业政策反思的研究。

日本的产业政策被引进中国学术界，已有30多年的历史。1985年4月中国人民大学出版社出版的《产业经济学导论》对日本产业政策进行了系统全面的介绍；1986年2月杨沐等在《经济研究》撰文从加强供给管理角度提出中国要尽快研究和实施产业政策，并对中国产业政策的重点和应注意的问题进行了详细分析。实际上，当时学界呼吁对日本产业政策的引入，不仅仅符合了加速中国工业化进程、促进经济快速增长的需要，恰好也符合了中国在计划经济逐步退出后的政府继续主导资源配置、管理产业与企业的需要。

一般而言，产业政策是政府为解决产业结构失衡和层次低等经济发展中的问题，实现产业转型升级和优化发展，促进经济快速增长和发展而制定和实施的相关政策措施，是一种相对长期的、供给侧管理

---

① 演化经济学给产业政策提供了一个更包容的视角，创新政策、研发政策、技术政策、教育政策、货币和财政政策、投资政策、贸易政策、竞争政策、行业管制、中小企业政策等，都可以纳入演化经济学的产业政策分析框架；但演化经济学近年来虽然发展迅速，却还未进入经济学主流。具体参阅马本、郑新业《产业政策理论研究新进展及其启示》，《教学与研究》2018年第8期。

的经济政策。从日本的实践看，产业政策具有政府干预产业部门之间和产业内部资源配置，但又要强调尽量避免政府直接介入资源配置，目标是追求经济快速增长的基本特征。正是由于产业政策所具有的为了实现经济快速增长政府干预产业部门资源配置的这个特征，产业政策很容易陷入自由市场主导和政府主导两种意识形态之争。其实，当前中国经济学界关于要不要产业政策的争论也没有逃脱这种意识形态之争。而且，由于产业政策在操作层面要求既要政府干预资源配置又要尽量避免直接介入资源配置，这个"度"把握十分困难，因此是否存在合意的产业政策也就容易引起质疑。①

现在，中国的产业政策已经发展成为形式多元、层级众多、内容复杂的庞大的政策体系，包括政策、法令、条例、措施、规划、计划、纲要、指南、目录指导、管理办法和通知等，甚至政府工作报告、部门决议、会议纪要、领导批示等也会发挥实质性的影响；迄今为止，经过多年的实践，中国的产业政策已经发展为一套动态复杂的政策组合，包括产业结构政策、产业组织政策、产业布局政策和产业技术政策等各类政策。其中，产业结构政策是按照产业结构的发展规律推进产业结构高级化，进而实现国民经济发展的政策；产业组织政策是为了实现产业组织合理化，形成有效的公平的市场竞争创造条件的政策；产业布局政策是促进生产要素区域配置合理化、高效化而实施的各类政策，例如各类园区政策可以归为这种产业布局政策；产业技术政策是指国家制定的用以引导、促进和干预产业技术进步的政策的总和。虽然现实中常常发生冲突，但从理论设计上说，这四种政策应该是相互配合的，其政策机制应该是相容的。而且，中国在不同的

---

① 黄群慧：《中国产业政策的基本特征与未来走向》，《探索与争鸣》2017 年第 1 期。

发展阶段和不同的政府层面，其产业政策中这四类政策的具体内涵有差异，产业政策的重点也不同，体现了产业政策组合的动态性。

这里罗列了一些颇具代表性的产业政策：1989 年 3 月国务院发布《国务院关于当前产业政策要点的决定》（国发〔1989〕29 号）指出制定正确的产业政策、明确国民经济各个领域中支持和限制的重点，是调整产业结构、进行宏观调控的重要依据。产业政策的制定和实施有利于把改革与发展、计划与市场有机地结合起来，对于促进中国国民经济的长期稳定发展具有重要的意义；1997 年 12 月经国务院批准，国家发展和改革委员会发布《当前国家重点鼓励发展的产业、产品和技术目录（试行）》，2000 年 7 月又对此目录进行了修订；2002 年 6 月国家经济贸易委员会、财政部、科学技术部、国家税务总局联合发布《国家产业技术政策》，2009 年 5 月工业和信息化部联合其他部委再次发布《国家产业技术政策》，该政策以推进中国工业化和信息化为核心，促进相关产业的自主创新能力提高，实现产业结构优化和产业技术升级；2005 年 11 月国务院关于发布实施《促进产业结构调整暂行规定》的决定；2005 年 12 月经国务院批准国家发展和改革委员会发布《产业结构调整指导目录（2005 年）》，2011 年 3 月、2013 年 2 月和 2016 年 3 月又分别对这个目录进行了修改；在 2008—2009 年金融危机期间，为应对国际金融危机对中国实体经济的影响，由国家发展和改革委员会与工业和信息化部，会同有关部门发布了钢铁、汽车、船舶、石化、纺织、轻工、有色金属、装备制造业、电子信息以及物流业十个重点产业调整和振兴规划，成为应对国际金融危机，保增长、扩内需、调结构的一项重要措施。[①]

---

① 黄群慧：《改革开放 40 年中国产业发展与工业化进程》，《中国工业经济》2018 年第 9 期。

　　从产业内容上看，中国产业政策重点是政府通过补贴、税收、法规等形式直接支持、扶持、保护或者限制某些产业的发展，以加快产业结构转型升级、实现经济赶超，往往倾向于扶持国有大型企业、鼓励企业兼并提高集中度、抑制产能过剩和防止过度竞争、补贴战略性新兴产业和激励技术创新等，这更多地可以归类为选择性产业政策或纵向产业政策，而且实施力度比较强。而有关通过人力资源培训、研发补贴、市场服务等形式完善整体产业发展基础功能进而提高产业竞争力的产业政策，即所谓的功能性产业政策或者横向产业政策采用相对较少。具体而言，中国产业政策的主要工具有两大类，一是控制市场准入的限制性审批，审批原则是有保有压、扶优扶强，审批范围涵盖所有重要产业，审批的内容深入各个技术经济环节；二是认定新兴产业或战略产业，通过税收减免、土地供应等优惠鼓励其发展。从政策手段看，包括税收减免优惠（企业所得税、增值税减免进口环节的关税和增值税减免等）、直接财政补贴（研发的直接补贴、资本金注入、贷款贴息、通过各类投资基金进行股权投资、土地使用补贴等）、技术改造和设备更新激励（技改贴息贷款、缩短折旧年限、先进设备进口税收减免等）、特殊许可收费（针对基础产业的特许收费、价外征税等）、与贸易有关的投资措施（外资企业采购的国产化比例要求）、出口导向和进口替代补贴、政府定价转移类补贴等。

　　从实施效果看，虽然实证研究对于中国产业政策的有效性有着不同的结论，例如有实证研究认为产业政策的出台和实施显著地促进了地方产业结构的合理化和高端化，也有实证研究认为产业政策的实施会降低资源配置效率，但是迄今为止中国实现了快速工业化进程和高速经济增长，这已经客观表明中国产业政策总体是成功的，产业政策总体上对中国快速推进工业化进程、促进产业转型升级、实现经济赶超发挥了重要作用。但是，中国的产业政策也存在干预市场和影响市场机制形成的问题，长期效果与短期效果有矛盾。例如，近些年的新能源汽车补贴政策，由于对新能源汽车激励力度过强，出现了大面积"骗补"的问题。实际上，选择性很强的产业政策的确会产生较多的负面问题，例如政府确定的产业方向和技术路线不符合市场需求从而造成巨大的损失；又如由于强激励造成企业一哄而上、迅速形成过度竞争和产能过剩；另外还会由于政府对资源配置的权力过大而导致寻租和腐败行为等。

与日本在经历高速增长后的20世纪70年代后期开始反思产业政策的背景有些相似，当前中国已经步入了工业化后期，经济呈现出增速趋缓、结构趋优、动力转换的经济新常态特征，中国也到了认真反思长期以来所实施的强选择性的产业政策的时候了。从工业化进程看，在工业化初中期阶段，出于后发国家赶超的需要，选择性产业政策的确发挥了重要的作用，尤其是扶大限小对促进重化工主导产业的发展作用明显。但是，在进入工业化后期以后，中国进入从要素驱动向创新驱动的经济新常态，经济增速从高速转为中高速，模仿型排浪式消费阶段基本结束，低成本比较优势不可持续，市场竞争从低成本转向差异化，通过引进、模仿及学习得到的后发优势将逐渐耗尽，要素规模驱动力减弱，经济增长将更多依靠人力资本质量和技术进步。这种背景下，中国长期以来习惯采用的强选择性产业政策的不适应越来越突出，以激励完善市场竞争秩序、激励创新为基本导向的功能性产业政策的意义更为显著；按照产业结构、产业组织、产业布局和产业技术政策的分类，直接干预产业结构形成的产业结构政策的重要性日益下降，而强调产业组织合理化的产业组织政策、激励创新的技术创新政策意义更加突出。

　　同样，从中国的市场化改革进程看，经过了 30 多年的市场化改革，中国的市场化体系也日渐完善，产业政策作为政府调控经济的手段也需要发生变化。2015 年 10 月 12 日《中共中央国务院关于推进价格机制改革的若干意见》发布，《意见》明确指出，要加强市场价格监管和反垄断执法，逐步确立竞争政策的基础性地位；加快建立竞争政策与产业、投资等政策的协调机制。这意味着，从市场化改革的要求看，竞争政策是基础地位，而产业政策要与竞争政策协调，长期以来中国一直实施的政府选择、特惠措施为主的产业政策取向，在新时期要转向普惠性、促进公平竞争和科技进步的产业政策取向，从而促进竞争政策基础地位的逐步实现。

　　从中国制造业发展看，既有的产业政策必须根据新的环境和战略部署在政策作用对象、政策工具和政策作用机制等方面及时进行调整，通过更加合理的产业政策体系、科学的产业政策内容和有效的产业政策执行机制，促进中国制造业发展。表 11—1 罗列了未来中国针对制造业发展的产业政策调整的主要内容。

**表 11—1　　　　　　中国制造业产业政策未来调整的主要内容**

| 政策与领域 | | 以前政策重点 | 未来调整方向 |
|---|---|---|---|
| 研发扶持政策 | 扶持领域 | 大规模生产和组装、技术改进 | 复杂产品集成、"工业四基"、科技基础设施建设 |
| | 扶持方式 | 事后扶持 | 事前扶持 |
| 技术改造政策 | 扶持领域 | 设备购置补贴 | 大企业的"母工厂"建设<br>中小企业工艺提升 |
| | 扶持和服务方式 | 资金扶持 | 资金扶持＋现场管理和技能提升服务<br>提高评估过程透明度 |

续表

| 政策与领域 | | 以前政策重点 | 未来调整方向 |
|---|---|---|---|
| 产业组织政策 | 重点扶持对象 | 大型企业 | 前沿技术突破的大企业<br>创业企业和高技术中小企业 |
| | 企业主体 | 国有企业主要作为产业政策工具 | 更好地发挥国有企业对市场经济的补充和增强作用（战略性、公益性） |
| 区域政策 | 区域间竞争标的 | 经济规模 | 可持续增长能力 |
| | 区域间竞争方式 | 要素价格扭曲 | 经营环境改善，公共服务能力提升 |
| 开放政策 | 国际直接投资政策重点 | 引进来 | 走出去，整合利用全球高端要素 |
| | 贸易政策 | 扩大出口 | 关注结构性的市场，特别是高端市场出口 |
| 人才政策 | 政策重点 | 精英型管理人才和研发人才 | 精英型管理人才和研发人才<br>工程师和高技能工人 |
| | 技能提升 | 以技校为主体的通用技能培训 | "技校＋研究型大学＋企业＋公共服务机构"的终身学习制度 |

资料来源：根据黄群慧、李晓华《中国工业发展"十二五"评估和"十三五"战略》整理，《中国工业经济》2015 年第 9 期。

## ◇◇ 二　制造强国战略的提出

2015 年 5 月 19 日，中国对外正式公布了《中国制造 2025》，这是一个针对中国制造业最为全面的、纲领性的产业政策。《中国制造 2025》本质是中国为了应对新工业革命浪潮、学习世界发达国家通用做法、根据自己的工业发展阶段而提出的制造业升级规划。出台这个重大的制造业战略规划，至少有以下两个方面的背景。

第一方面是应对新工业革命的需要。20 世纪下半叶以来，世界一直孕育和发展着以信息化和工业化融合为基本特征的新一轮科技和产业革命，颠覆性技术不断涌现，产业化进程加速推进，新的产业组织形态和商业模式层出不穷。任何一个国家都不想在新一轮工业革命中被抛弃。国际金融危机以后，面对新工业革命的浪潮，世界各国纷纷推出自己的"再工业化战略"，如美国发布了"美国制造业复兴法案""先进制造业伙伴计划""先进制造业国家战略"以及"制造业创新网络计划"等多个支持制造业发展的战略计划或政策法案，德国提出了"工业4.0"，法国提出了"新工业34项计划"，等等，以应对新工业革命的挑战。在这种背景下，中国作为一个产出总量居世界第一的工业大国，需要学习发达国家的做法，积极应对新工业革命的挑战，推进中国制造业升级。

第二方面是中国制造业本身转型升级发展的需要。进入"十二五"以后，中国整体已经步入工业化后期。与工业化阶段变化相适应，中国的基本经济国情也已经从一个农业经济大国步入工业经济大国，中国已经成为世界上工业规模最大的国家。但是，从工业增加值率、劳动生产率、创新能力、核心技术拥有、关键零部件生产、所处全球价值链环节、高端产业占比等各方面衡量，中国的工业是大而不强的，中国是工业大国而不是工业强国。工业化后期对中国通过技术创新驱动产业结构转型升级提出了新要求，而工业尤其是制造业既是技术创新的来源方又是技术创新的应用方，没有制造业从大到强的转变，整个经济就无法实现转型升级。因此，实施制造强国战略、推进制造业从大到强的转变是中国深化工业化进程、实现工业化梦想的必然要求。

正是基于这样的认识，中国提出了以《中国制造2025》为10年行动纲领的制造强国战略。《中国制造2025》是一个具有全局性、系统性、长期性、国际竞争性的战略规划文本，是着眼于国内国际经济社会发展、产业变革的大趋势制定的一个长期的战略性规划和高端产业、技术进步的路线图。该规划以应对新一轮科技革命和产业变革为重点，以促进制造业创新发展为主题，以提质增效为中心，以加快新一代信息技术与制造业融合为主线，以推进智能制造为主攻方向，以满足经济社会发展和国防建设对重大技术装备需求为目标，通过实施国家制造业创新中心建设、智能制造、工业强基、绿色制造、高端装备创新五大工程，明确未来发展新一代信息技术、高档数控机床和机器人、航空航天装备、海洋工程装备及高技术船舶、先进轨道交通装备、节能与新能源汽车、电力装备、农机装备、新材料、生物医药及高性能医疗器械十大重点领域，从而促进产业转型升级、实现中国从工业大国向工业强国的转变。《中国制造2025》提出了中国实现制造强国战略分"三步走"的战略目标：第一步，到2025年，力争用10年的时间迈入制造强国行列；第二步，到2035年，中国制造业整体达到世界制造强国阵营的中等水平；第三步，到中华人民共和国成立一百周年时，制造业大国地位更加巩固，综合实力进入世界制造强国前列。

作为制造强国战略第一步行动纲领的《中国制造2025》，其全面实施的前提是细化的规划体系和支撑政策。随后的一年多时间里，各相关部委分别发布了《中国制造2025》重点领域技术路线图，制造业创新中心建设、智能制造、工业强基、绿色制造、高端装备创新五大工程的实施指南，发展服务型制造、促进制造业质量品牌提升的两个专项行动指南，医药工业、新材料产业、信息产业的三个产业发展指南以及制造业人才发展规划指南，共11个规划指南，另外国务院还印发了《关于深化制造业与互联网融合发展的指导意见》、中国人民银行等相关部委印发《关于金融支持制造强国建设的指导意见》等政策文件。随后，各级地方政府也开始根据本地制造业发展状况出台本地落实《中国制造 2025》的地方性发展规划。3 年来，以《中国制造 2025》和"1 + X"政策体系为指导，聚焦五大工程和重点标志性项目，全国推进了各类试点，制造强国战略的实施全面铺开。[①] 具体有关《中国制造 2025》的实施框架图如图 11—1 所示。

虽然《中国制造 2025》提出和实施时间不长，但制造强国战略对于制造业发展和中国经济转型升级的重要意义已开始显现。《中国制造 2025》在中国全面实施，制造业创新中心建设取得积极进展，创新能力不断提升；智能制造得到高度重视，制造业的数字化网络化程度不断提升；围绕核心基础零部件（元器件）、关键基础材料、先进基础工艺和产业技术基础的工业强基工程为重大工程建设和重点产业的发展提供了有力支撑；绿色制造理念得到普及，绿色制造体系建设逐步深入；高端制造工程也取得了显著进展，高端装备创新成果日益增多。另外，服务型制造发展迅速，由于工业融合而产生的新模式、新业态不断涌现。总体而言，中国制造业转型升级明显加快，制造业的综合实力得到有效提升。一些重大的制造业创新成果取得突破。例如，成功研发了中国首款柔性复合工业机器人并实现了年产 50 台生产能力，首架国产大飞机 C919 试飞成功，世界最大单体射电望远镜建成，世界最大基因库投入运营，"神舟十一号"与"天宫二号"完成交会对接，首艘国产航母下水，高精度数控齿轮磨床、多轴

---

① 黄群慧：《全面实施制造强国战略新阶段》，《经济日报》2017 年 5 月 19 日。

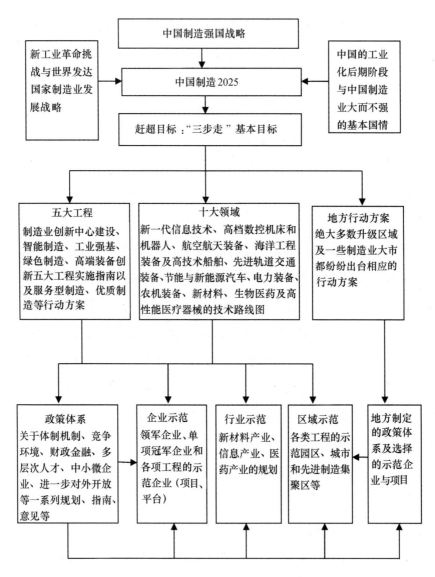

**图 11—1　中国制造强国建设的战略与行动框架**

资料来源：该图系作者根据相关资料整理而成。

精密重型机床、数控冲压生产线等产品跻身世界先进行列，自主研制的"海斗"号无人潜水器使中国成为继日本、美国之后第三个拥有研制万米级无人潜水器能力的国家，AG600 水陆两栖大型灭火救援飞机成功在水上实现了首飞，等等。同时，还启动了航空发动机及燃气轮机、高档数控机床与基础制造装备、无线移动通信、核心元器件、高档芯片和基础软件等一批重大专项。

制造业是强国之基、兴国之器、立国之本，制造强国战略对中国经济长期稳定发展具有重大意义。制造强国战略的意义绝不仅仅在于制造业发展本身，更为重要的是制造业发展所体现的对整体经济发展的创新驱动价值。3 年多的制造强国战略实施，对于中国经济新旧动能转换、经济结构优化发挥了重要作用。中国正处于中等收入阶段，东亚国家的经验和拉美国家的教训都表明，要避免陷入"中等收入陷阱"，必须持续不断地围绕制造业全要素生产率提升推进产业结构的优化升级。中医药制造业，航空、航天器及设备制造业，电子及通信设备制造业，计算机及办公设备制造业，医疗仪器设备及仪器仪表制造业，信息化学品制造业这六大高技术制造业增加值增速更是高于制造业总体增速，2015 年、2016 年、2017 年和 2018 年增速分别为 10.2%、10.8%、13.4%、11.7%，分别高于当年整体经济增速 3.3 个、4.1 个、6.5 个、5.2 个百分点，充分体现了制造强国建设对整体经济发展的重要意义。

进入 2018 年以后，美国政府出于对中国技术进步和制造业发展打压的目的，针对《中国制造 2025》提出了政府补贴、强制技术转让等种种非难，针对这些指责，有必要进一步明确有关《中国制造 2025》的四方面认识。

首先，《中国制造 2025》本质是中国为了应对新工业革命浪潮、学习世界发达国家通用做法、根据自己的工业发展阶段而提出的制造业升级规划。《中国制造 2025》主攻"智能制造"，与美国"先进制造业伙伴计划"主攻"工业互联网"、德国"工业4.0"主攻"物理信息系统（CPS）"，并没有什么区别。《中国制造2025》确定十大重点领域，也与美国"先进制造业伙伴计划"确定了新一代机器人、先进材料、金属加工、生物制造和替代能源等领域相似，目的都是引导未来产业发展方向。

其次，无论是制定《中国制造2025》还是实施《中国制造2025》，中国始终秉持市场主导原则。"市场主导、政府引导"是《中国制造2025》的首要原则。中国政府选择市场主导原则推进《中国制造2025》，并不是来自什么外部压力，而是中国政府坚信，没有市场主导原则，中国不可能实现中国制造业转型升级和有效应对新工业革命挑战。中国已经进入工业化后期，进入从要素驱动转向创新驱动的经济新常态，这种背景下，坚持市场在资源配置中起决定性作用的市场主导原则，坚持完善市场竞争秩序的竞争政策的基础性地位，更有利于激励创新，也更能够促进中国制造业升级和顺应新工业革命。美国《对华301调查报告》所指责的——无论是《中国制造2025》中提出了一些"自主保障比例"的指标要求，还是学界专家编制《中国制造2025，重点领域技术创新绿皮书——技术路线图（2017）》提到的市场占有率、自主化率等目标——都只是一个预测性、信息引导性指标，都不是政府设定的政策目标，不具有任何强制性，也没有与政府的相关政策、资金投入等挂钩。这只是坚持市场主导原则下的政府引导，这种做法在国外也并不鲜见。

再次，《中国制造2025》要通过提升技术创新能力推进中国制造业从大到强的转变，但这个过程中中国政府的关键作用是打造开放协同的技术创新生态系统，而不是直接插手技术转让。虽然也采用补贴、税收优惠、贴息等形式的扶持性政策，但主要针对切实的前沿技术、新兴技术、共性技术和中小企业的创新领域。其实在美国"制造业创新网络计划"中，也提出要在若干重点领域建设"超过 15 个国家制造业创新研究所（IMI）"，联邦政府"将在项目启动的 5—7 年间给予 7000 万至 1.2 亿美元不等的资金"。《中国制造 2025》也提出要建设制造业创新中心，目的就是在市场难以有效发挥作用的领域，通过政府的引导加快实现突破。中国政府推进《中国制造 2025》，对内外资企业是一视同仁的。已有多家美国企业参与到《中国制造 2025》的实施中，如美国佐治亚理工与国家增材制造创新中心合作开展联合研究和人才培养，GE 公司与哈尔滨电气集团在燃气轮机制造领域开展合作。在组建制造业创新中心方面，国家动力电池创新中心与加拿大西安大略大学共同组建联合实验室，国家增材制造创新联盟已有 3 家海外成员单位。在智能制造方面，南通中远川崎船舶工程有限公司的"船舶制造智能车间试点示范"被列为智能制造试点示范项目。

最后，需要强调，虽然美国挑起了中美贸易摩擦，对《中国制造 2025》发起了各种非难，但是中国必须清醒认识到，制造强国战略对中国经济发展的重大意义没有改变。

## ◇ 三　制造强国战略的调整

虽然以《中国制造 2025》为核心的制造强国战略实施 3 年多来，对中国制造业从大到强的转变发挥了重要的作用，取得了显著的成就，但是，从更有效应对中国制造业发展面临的新挑战新约束、弥补调整《中国制造 2025》存在的不足和缺陷两个角度，对中国制造强国战略的重心进行调整具有必要性和紧迫性。既符合欧美新的国际贸易投资诉求中的合理成分，又能够有效促进中国制造业核心能力提升和中国制造业高质量发展，是中国制造强国战略调整的基本方向。将制造强国战略的重心进行调整，这不仅仅是因为中美贸易摩擦的影响，更因为《中国制造2025》实施中也存在一些问题，需要及时修正。中国制造强国战略要从强调《中国制造2025》转向强调制造业高质量发展，在必要的时候推出"中国制造业高质量发展战略规划"，充分吸收《中国制造2025》有价值的科学内涵，全面体现创新、协调、绿色、开放和共享新发展理念的要求，这具体体现在以下四个方面。

第一，在总体战略导向上，要弱化"对标"或"赶超"欧美日，强化突出通过统筹部署构筑中国制造业的核心能力，为全球制造业发展做出中国的原创性贡献。

全球工业发展的历史经验表明，英、德、美、日等国家跃迁成为工业强国的过程，都不是领先国家工业竞争能力的简单重复和照搬，而是不同于领先国家的独特工业能力的构建过程——德国创造了公司研发中心组织结构，美国独创了大规模生产和现代公司制，日本发展了精益制造。中国建设工业强国也必然能够为人类工业发展贡献独特的技术能力和制度模式。"构筑中国制造业核心能力"的政策导向，对外体现了中国通过原始创新与全球工业国家共同推动人类技术进步和产业发展的愿景，对内容易凝聚各级政府和广大企业形成实现中国制造业更高质量发展的战略抱负。

第二，在总体发展思路上，弱化重点产业和领域选择，突出新一轮工业革命背景下的通用技术创新和产业统筹部署。

新技术浪潮和新工业革命是当前世界各国面临的共同挑战。为了更加有效地应对技术变革，美、德、日、英、法等工业强国都颁布了系统的规划和产业政策。但与中国的《中国制造2025》不同，这些国家的战略和政策在文本的具体表述方面，都不涉及政府重点支持特定产业和领域发展等内容。中国新的制造业总体规划应借鉴美、德、日等国家的经验和普遍做法，在战略任务的拟定方面，一是强调推进制造业数字化、智能化、网络化应用所涉及的通用技术和智能技术的原始创新和技术突破。二是强调对于新技术创新和应用（而非产业）的统筹部署。例如，在促进5G技术创新和应用方面，应当避免使用支持特定5G领域的发展等表述，而强调通过促进5G应用场景发展、基础设施投资、参考架构建设等内容，完善5G创新链和产业生态的任务导向。

第三，在具体重点任务上，在强调技术创新导向的智能制造、绿色制造和高端制造的同时，更加突出管理创新导向的服务型制造和制造业品质革命。

在当今新工业革命的背景下，中国制造业高质量发展的方向无疑也是制造业的智能化、绿色化和高端化，这需要我们不断通过科技创新、提高科技创新能力，大力发展智能制造、绿色制造和高端制造，促进中国制造业抓住当今世界新工业革命的重大机遇。但是，对于中国大多数制造业的发展而言，德国"工业4.0"所倡导的物理信息系统（CPS）还相对遥远，很多产业的技术基础还不具备，而推进制造业与服务融合的服务型制造以及推进中国制造业品质提升的任务则相对更有紧迫性和现实意义。在当今时代，制造服务化也是制造业转型升级的一个重要方向，制造企业从注重生产和产品逐步向注重"产品＋服务"的趋势发展和演进，这极大地促进了制造业附加值的提升，进而促进了制造业全要素生产率的提升和高质量发展。另外与国外发达工业国家不同，中国的制造业品质问题还没有实质性地全面解决，通过制造业品质革命全面提升制造业产品和服务的品质，是中国成为制造强国所必须补上的重要一课。

第四，在具体政策措施上，弱化选择性产业政策，突出既有利于促进中国制造业效率和能力提升，又具有竞争中性特征的产业政策和竞争政策，促进产业政策应灵活适应 WTO 等国际竞争规则。

《中国制造 2025》针对中国产业共性关键技术和前沿技术缺乏、技术转移扩散和商业化应用不够提出"制造业创新中心建设工程"，针对中国在核心基础零部件（元器件）、关键基础材料、先进基础工艺和产业共性基础技术方面存在的巨大差距提出了"工业强基工程"，针对适应绿色制造、高端制造和智能制造的未来发展趋势提出了"绿色制造工程""智能制造工程"和"高端装备创新工程"，并明确了中国制造业发展的十大重点领域，这些工程项目的本质是为了解决表现为关键核心技术受制于人、高端产业发展不足的中国制造业大而不强的问题；而制造业大而不强问题的根源在于创新能力不强，因此落实《中国制造 2025》的关键在于培育和提升制造业的创新能力，实现从"跟随创新"向"领先创新"的转变。也就是说，制造强国建设核心是技术创新能力的提升，相比具体产业而言，创新能力是动态的、可持续的和根本的。相对于选择性产业政策更注重于有针对性地补贴具体的产业而言，功能性产业政策更强调建设产业发展的广义基础设施建设（包括物质性基础设施、社会性基础设施和制度性基础设施），推动和促进技术创新和人力资本投资，维护公平竞争，降低社会交易成本，创造有效率的市场环境，从而完善技术创新生态系统，进而提升整个产业和国家的创新能力。因此，功能性产业政策更符合《中国制造 2025》的目标。

　　具体而言，推进制造强国建设的功能性产业政策重点有以下几点。一是应该放在促进人力资源培育，发展多种形式的应用型职业教育上。二是实行普惠政策，广泛减轻企业负担，特别注重改善小微企业经营环境。三是激励创新行为，促进产学研结合，加强对企业知识产权的法律保护。四是针对切实的前沿技术、新兴技术和中小企业的创新领域，而非市场本身能够较好解决的成熟技术或者具体产业，可以采用补贴、税收优惠、贴息等形式的扶持性政策，统筹解决新兴技术和前沿技术的研发、工程化和商业化问题。政府部门要对被补贴方采用严格的资金使用和项目过程评估方法，从而确保资金的使用效率和透明度。政府扶持资金规模不应过大，主要发挥对企业或社会资金投入的"带动"作用。五是在中国强选择性产业政策对中国制造业创新发展的负面影响日益凸显的背景下，将公共资源更多投向新型制造业创新体系建设，包括针对目前国家（重点）实验室的组织方式不能有效解决国家战略性技术任务攻关的问题，建设独立的、跨学科的、任务导向的新型国家实验室；针对中国产业政策重结构化政策、轻合理化政策的问题，吸收美国制造业扩展项目和日本技术咨询师项目经验，推出中国的先进适用技术推广应用项目和公共服务组织建设。六是同时鼓励各地和企业灵活应用反补贴和反倾销措施。尽管 WTO 规则的主要目标是为国际贸易创造公平竞争的机会，但从近几年反倾销和反补贴案例不断攀升的趋势来看，反倾销和反补贴制度正在成为进口国推行贸易保护主义政策的工具。在实践中，许多国家更倾向于转而采用贸易救济措施，达到其保护国内产业的目的，排斥进口产品，打击国外的竞争对手。以美国《伯德修正案》为例，该法案要求美国政府把向外国公司征收的反倾销和反补贴税款直接补贴给提起反倾销或反补贴诉讼的美国公司，而不是上缴美国财政部。这一做法显然在实质上是对美国公司的双重保护，在客观上也会起到鼓励本国企业发起反倾销和反补贴诉讼的诱导效果。这些措施都可以为中国吸收借鉴。

# 第 十 二 章

# 走向高质量制造

党的十九大报告指出，中国经济已经从高速增长转向高质量发展阶段，这意味着长期以来中国推进的快速工业化战略也需要转型，需要从高速工业化转型到高质量工业化。而中国制造业大而不强的特征，更是需要推进中国制造从高速增长转向高质量发展。2018 年 12 月召开的中央经济工作会议将推动制造业高质量发展作为首要重点任务，走向高质量制造必然是中国制造的未来发展方向。

## ◇ 一 从高速工业化转向高质量工业化

迄今为止，中国已经成功地推进了中国的高速工业化，正如习近平总书记在庆祝改革开放 40 周年讲话中所指出的："我们用几十年时间走完了发达国家几百年走过的工业化历程。"[1] 在认识到中国工业化取得巨大成就的同时，我们必须看到相对于人民日益增长的对美好生活的需要，中国工业化进程还存在发展不平衡和不充分的问题。具

---

[1] 习近平：《在庆祝改革开放 40 周年上的讲话》，2018 年 12 月 18 日，新华网（http：//www. xinhuanet. com/politics/leaders/2018 – 12/18/c_ 1123872025. htm）。

体而言，这至少表现为以下四个方面。一是工业化进程的区域发展不平衡，一些区域的工业化发展不充分。由于梯度发展战略，以及各个区域资源禀赋、工业发展基础差异等原因，中国的工业化进程在不同地区发展极不平衡，总体上呈现出东部、中部和西部逐步降低的梯度差距。如我们在第二章所分析的，到 2015 年，上海、北京、天津已经步入后工业化阶段，其他大部分东部省份处于工业化后期，而大部分中西部省份基本还处于工业化中期。二是产业发展的结构不平衡，创新能力和高端产业发展不充分。由于长期的低成本出口导向工业化战略，中国自主创新能力还有待提升，这造成中国产业结构高端化水平不够。一方面，钢铁、石化、建材等行业的低水平产能过剩问题突出并长期存在，存在大量的"僵尸企业"；另一方面，高端产业发展不够和产业价值链高端环节占有不足，关键装备、核心零部件和基础软件等严重依赖进口和外资企业。三是实体经济与虚拟经济发展不平衡，高质量实体经济供给不充分。随着中国工业化步入后期阶段，近些年中国经济开始呈现"脱实向虚"的倾向，实体经济在国民经济占比日益降低。实体经济不仅增速下降，而且整体供给质量也亟待提升。虽然快速的工业化进程积累了大量的中国制造产品，但是，产品档次偏低，标准水平和可靠性不高，高品质、个性化、高复杂性、高附加值的产品供给不足，制造产品总体处于价值链的中低端，缺乏世界知名品牌。实体经济的这种供给质量无法有效满足城市化主导的消费转型升级，造成实体经济供需失衡，这又进一步加大了实体经济与虚拟经济发展的不平衡。四是工业化速度与资源环境承载力不平衡，绿色经济发展不充分。中国这个将近 14 亿人口的快速工业化进程，给资源环境的承载提出了极大挑战。虽然中国一直倡导实施环境友好型的新型工业化道路，但客观上资源环境还是难以承受如此快速的大国工业化进程，环境污染问题比较突出，资源约束日趋紧张。为了解决工业化带来的环境资源问题，大力发展绿色经济是必然的选择。但是中国在绿色经济发展方面，无论是技术水平还是产业规模，都还有很大的发展空间。

党的十九大报告提出：从十九大到二十大，是"两个一百年"奋斗目标的历史交汇期，我们既要全面建成小康社会、实现第一个百年奋斗目标，又要乘势而上开启全面建设社会主义现代化国家新征程，向第二个百年奋斗目标进军。建设社会主义现代化强国，需要贯彻新发展理念，建设现代化经济体系。所谓现代化经济体系是具有现代性的经济系统，当今时代现代性标准应该体现为以创新作为经济增长的驱动力，具有集聚高水平要素和高效配置要素的体制机制，产业、区域、城乡各经济子系统相互协调，经济系统动态开放，实现高质量可持续经济发展目标等几个方面。推动工业化进程也是形成经济体系的过程，与过去追求高速增长的工业化道路不同，新时代要形成现代化经济体系，必须推进高质量的工业化进程。也就是说，与经济发展从高速增长转向高质量发展相适应，中国的工业化战略也需要实现从高速度工业化进程向高质量工业化进程的转变，具体而言，这要求在以下五个方面着力。[①]

一是实现从投资驱动向创新驱动的工业化动力转变。中国的工业化进程总体已经步入工业化后期，产业结构正面临从资本密集型主导向技术密集型主导转变，再加之在新一轮工业革命的背景下，世界各国也正在加速竞争高端产业的主导权，无论是中国自身现代化进程还是大的国际环境，都要求中国转变经济发展方式，实现创新驱动的经

---

① 黄群慧：《从高速度工业化向高质量工业化转变》，《人民日报》2017 年 11 月 26 日。

济发展。具体而言，这要求通过深化供给侧结构性改革和大力实施创新驱动战略，建立工业化的创新驱动机制，促进中国产业高端化，进而形成创新驱动的高质量发展的现代化经济体系。

二是围绕实体经济供给质量提升推动高质量工业化进程。快速的工业化进程，使中国成为一个世界性实体经济大国，但中国还不是实体经济强国，从企业、产业和产品各个层面中国实体经济供给质量都有待提高，这还加重了近年来中国经济"脱实向虚"倾向。因此，从快速的工业化进程向高质量工业化进程转变，必须把着力点放在提高实体经济供给质量上，这也正是供给侧结构性改革的主攻方向，而建设现代化经济体系所要求的实体经济、科技创新、现代金融、人力资源协同发展的产业体系，也要求以提高实体经济供给质量为核心。

三是实现新型工业化与信息化、城市化和农业现代化的协同发展。高质量的工业化进程，必须是与信息化深度融合、促进农业现代化水平实现、与城市化协调发展的新型工业化。推进高质量工业化，当务之急是通过制造强国战略，推动互联网、大数据、人工智能和实体经济深度融合，通过农村振兴战略促进第一、二、三产业融合发展，加大工业化对农业现代化支撑力度，处理好城市化与工业化的关系，让城市化进程真正发挥对实体经济转型升级的需求引导作用。

四是以大力发展绿色制造业为先导推进可持续工业化。绿色制造将绿色设计、绿色技术和工艺、绿色生产、绿色管理、绿色供应链、绿色就业贯穿于产品全生命周期中，实现环境影响最小、资源能源利用率最高，实现社会效益、生态效益和经济效益协调优化。绿色制造对于绿色经济发展和可持续工业化具有重要的推动作用，是现代化经济体系中的重要支撑部门。因此，推进高质量工业化，一定要通过开发绿色产品、建设绿色工厂、发展绿色园区、打造绿色供应链、壮大绿色企业、强化绿色监管等措施构建现代绿色制造体系，进而带动整个工业化进程的可持续性。

五是通过区域协调发展战略促进工业化进程的包容性。协调各区域生产要素配置，促进生产要素跨区域的有效流动，化解资源配置在地区间不平衡、不协调的结构性矛盾，是工业化进程包容性的基本要求，也是现代化经济体系区域布局的基本内容。党的十九大报告在实施区域协调发展战略部分中，首先强调加大力度支持革命老区、民族地区、边疆地区、贫困地区加快发展，强化举措推进西部大开发形成新格局，这无疑对提高中国工业化进程包容性具有重要意义。另外，随着京津冀协同发展、长江经济带保护发展和东北老工业基地振兴、中部地区崛起等重大区域发展战略有效推进，资源要素在各区域配置更为合理，区域要素供给质量不断提升，现代化经济体系区域布局将逐步形成。

## ◇ 二 中国制造的品质革命

经济高质量发展的微观基础是更高质量的产品和服务，高质量发展阶段就对中国制造的品质提出了更高要求。推进中国制造的品质革命，无论是对中国制造从大到强的转变，还是对中国经济高质量发展，都具有十分重要的意义。质量，在社会经济中更广泛地被认为是事物、工作、产品的满足需要的优劣程度，在微观层面，质量常被分为产品质量、服务质量、工程质量和环境质量等各个方面，基于 ISO 9000 国际标准的界定，质量是一组固有特性满足相关方要求的程度。质量和品质在大多数情况下可以是同义词，只是品质往往可以直接用于描述人的品德。虽然也有人直接将"品质"理解为"品牌+质量",但这只是为了注解观点和社会传播的需要,并不是词汇"品质"的本义。①

随着世界工业化进程的深入,消费型社会日益成熟,人类社会对于生活品质和产品品质的要求越来越高,正如著名品质管理大师朱兰曾预言,如果说20世纪是生产率的时代,那么21世纪就是品质的时代。为了促进产品和服务品质的不断提升,世界上众多国家都把品质问题上升为国家战略。美国曾在20世纪80年代出台《质量振兴法案》,韩国在1998年提出《21世纪质量赶超计划》,德国和日本在赶超阶段也都曾出台一系列提升品质的产业政策。目前约有90个国家设立了国家质量奖。国家质量基础设施也越来越得到世界各国的普遍重视。制造业作为立国之本、兴国之器、强国之基,其品质更是一国经济发展质量和经济竞争力的核心体现,世界制造业品质的竞争一直十分激烈,世界制造强国不断通过技术创新和管理创新,持续提高制造产品的性能稳定性、质量可靠性、环境适应性、使用寿命等方面指标,追求处于国际领先水平。

虽然中国已经发展成为制造业产出第一的世界制造大国,但是总体上制造品质与其制造大国地位并不相配,这成为制造业大而不强的问题的一个集中体现。中国制造产品大部分功能性常规参数能够基本满足要求,但在功能档次、可靠性、质量稳定性和使用效率等方面有待提高。例如,美国和欧洲一些发达国家的产品平均合格率一般达到4.5 sigma(合格率99.99932%),而中国总体为2.5 sigma(合格率98.76%);中国产品的一次合格率低,大型锻件一次合格率仅为

---

① 因为本节论述的问题是中国制造的微观质量问题,也就是一般意义的产品品质问题,本节多处用"品质"一词,以区分高质量发展的"质量"。

70%，而日本、法国均接近 100%；关键零部件可靠性不高，机械基础件内在品质不稳定，精度保持性和可靠性低，寿命仅为国外同类产品的 1/3—2/3。如图 12—1 所示，2013—2017 年国内产品质量国家监督抽查合格率分别为 88.9%、92.3%、91.1%、91.6%、91.5%，虽然 2014—2017 年保持了 90% 以上的合格率，但总体上呈现下降的趋势。

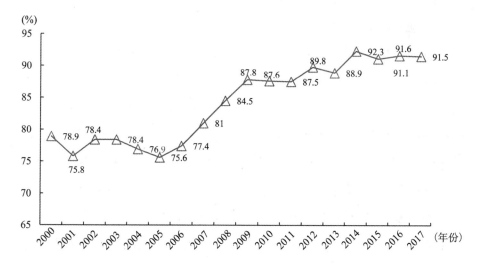

**图 12—1　2000—2017 年中国监督抽查产品抽样合格率**

资料来源：《质检总局关于公布 2017 年国家监督抽查产品质量状况的公告》，国家市场监督管理总局网站（http：//spscjgs. aqsiq. gov. cn/xxgk_ 13386/jlgg_ 12538/zjgg/2018/201801/t20180122_ 511618. htm）。

中国出口商品已连续多年居于欧盟、美国通报召回之首。制造企业的品牌意识较为单薄、品牌化发展滞后，缺少一批具有国际竞争力和影响力的自主品牌。全球知名品牌咨询公司 Interbrand 发布的 2016 年度"全球最具价值 100 大品牌"排行榜中中国制造业产品品牌只占有两席。"中国制造"的国际形象虽然近些年不断提升，但总体还是偏低，与中国第一制造产出大国地位极不相称，尤其是欧美、日本等国的消费者对中国制造的认同度很低。据德国知名 Statista 数据统计公司发布的"2017 年国别制造指数"（Made - In - Country Index），"中国制造"的认同度仅排在世界第 49 位。由于这项指数是调查了 52 个国家的 4.3 万名消费者，其中有 19 个欧洲国家以及欧洲文化相近、地理相邻的 19 个美洲、非洲和西亚国家，因此此项调查主要反映了欧美这些国家国民的看法。①

更令人担忧的是，一些生产经营者质量诚信严重缺失，假冒伪劣产品屡禁不止，近年来网购市场质量问题日益凸显，严重地影响了"中国制造"的声誉，越来越多的消费者开始加入"海淘"国外产品的行列。因此，对于中国制造业而言，亟待通过一场品质革命，实现中国制造产品品质巨大变革和根本性提升，塑造一批高端品牌，从而促进中国制造从大到强转变。这也是为什么《中国制造 2025》坚持把品质作为建设制造强国的生命线、以"质量为先"为指导方针的重要原因。从发达国家的历史经验看，大都曾经历通过一场制造品质革命来实现制造品质历史性的飞跃。例如，德国在 1887 年开始着力塑造"德国制造"的品质，逐步确立"德国品牌、质量一流"的国家形象；日本在第二次世界大战后掀起"质量救国"热潮，推动企业实施全面质量管理，到 20 世纪 70 年代末期，日本国内企业建立 70 万个全面质量管理小组，成功地实施了品质革命，塑造了"日本制造"在世界的质量优势。

成功推进一场制造业的品质革命，需要克服一系列障碍。对于中

---

① 米健、宋紫峰：《"中国制造"海外消费者认同度的现状、问题与对策》，《国务院发展研究中心调查研究报告》，2018 年 5 月 11 日，国务院发展研究中心网站（http://www.drc.gov.cn/xscg/20180511/182 - 224 - 2896131. htm）。

国制造的品质革命而言，一方面要解决各个层面基础能力不足问题，另一方面要改善社会文化环境、政府政策环境和市场环境。基础能力提高与环境完善又是相互作用、互相促进的，形成一个良性循环，再假以时日，一场成功的制造业品质革命才能实现。

影响中国制造品质提升的基础能力主要包括国家层面的国家质量基础设施（National Quality Infrastructure, NQI）支撑能力，产业层面的产业共性基础能力，企业层面的技术创新能力和管理创新能力。（1）所谓国家质量基础设施包括计量、标准、认证和检验检测四项活动，这四项活动旨在保证社会经济活动有依据、有保证、可测量、可信任，为国民经济和社会发展提供基础支撑保障，其中计量是品质的控制基础，标准是品质的判断依据，认证认可是品质的信任机制，检验检测是品质的衡量过程，四者形成科学严谨的技术链条，成为实施品质管理、提升品质水平、保障国民经济运行、促进国际经济交往的基础支撑。总体而言，这些年中国国家质量基础设施支撑能力在不断提升，很好地适应了国民经济和社会发展的需要，但是由于中国标准体系和管理体制脱胎于计划经济，相比国外发达工业国家的水平还存在差距，一定程度存在管理软、体系乱、水平低的问题。基于2014年数据，在3万多条国际标准中，中国主导制定的仅占总量的0.5%，中国被承认的校准测量能力远远落后于美国、德国等国家，只相当于美国能力的53%。这在很大程度上制约了中国制造品质水平的提升。（2）产业层面的共性基础能力就是所谓的"工业四基"——关键基础原材料、核心基础零部件（元器件）、先进基础工艺、产业技术基础的提供能力。"工业四基"一直以来都是中国制造业发展和制造业品质提升的瓶颈，关键基础材料和核心基础零部件（元器件）对外依存度比较大，中国50%的机械核心基础零部件（元器件）依靠进口，一些关键工作母机、高端医疗设备、高端精密仪器及其核心元器件也都是主要依靠进口，很多先进基础工艺和产业技术基础中国自己不具备。《中国制造2025》中专门提出"工业强基"工程，即旨在解决这个瓶颈问题。当然，这个问题的解决需要时间进行技术积累，要打破当今全球价值链分工的固有格局，还需要长期坚持不懈的努力。（3）企业层面的技术创新能力和管理创新能力是企业产品和服务品质提升的关键动力和直接决定因素。中国已经有一批先进制造企业具备较强的技术创新能力和管理创新能力，甚至在一些行业具有一定的世界领先水平，但总体上还是相对落后。从2015年国家质检总局发布的2015年制造业质量竞争力指数看，构成制造业质量竞争力的标准与技术水平、市场适应能力、品质管理水平、品质监督与检验水平、核心技术能力、研发和技术改造能力六项指数得分分别是88.38、83.66、78.52、90.66、82.57、74.69，其中研发和技术改造能力与品质管理水平两项得分是最低的，这表明对于中国制造品质提升而言，中国企业技术创新能力和管理创新能力不足是一个很重要的"短板"，尤其是企业必须建立健全企业品质管理体系，不断通过管理创新提升品质管理水平。

制约中国制造品质提升的环境因素也十分复杂，可以主要概括为社会文化方面"工匠精神"的缺失，政府政策方面低成本赶超战略主导，市场环境方面的竞争有序的市场体系尚未形成。（1）从社会文化方面看，从古代的鲁班和庖丁，到中华人民共和国成立后的"八级工"，中国一直就不缺少对认真专注、精益求精的敬业精神——"工匠精神"的推崇。但是，近些年来，在追求低成本跨越式赶超经济发展背景以及经济呈现"脱实向虚"趋势下，中国在发展成为一个制造业大国的同时，传承和发扬"工匠精神"的环境建设和制度基础逐渐被忽视，房地产、金融领域对制造业人才的虹吸效应显著，制造业内部对营销技巧的重视远远高于对制造环节生产工艺改善和品质提升的重视，制造环节精益求精的"工匠精神"变得日益稀缺起来，高品质中国制造的文化基础被蚕食。北京大学和清华大学《2016 年毕业生就业质量报告》表明，金融业属于第一位，吸引了北京大学 26.4% 和清华大学 21.2% 的毕业生，远高于 IT 行业、制造业和科学技术领域，越来越多工程领域的博士转入金融领域。（2）从政府政策导向看，长期以来在低成本快速工业化战略驱动下，政府特别是地方政府更多地关注经济增长、财政收入、大企业数量等能够快速凸显政绩的规模指标，注重经济的高速增长，忽视高质量发展，在政策导向上更多的是激励低成本、高速度，但缺少制度设计来鼓励生产高品质的产品，"低价中标"制度的过度使用在很大程度上抑制了中国制造的高质量发展。（3）从市场环境看，中国统一开放、公平竞争的现代市场经济体系还没有全面建立，缺少诚信、不守契约的行为还比较普遍，而且其中相当部分还没有得到应有的惩罚，地区分割、部门分割、各类市场垄断行为还在相当程度上存在，市场中产品"优不胜、劣不汰""优质不优价"以及"劣币驱逐良币"的问题还比较突出，市场成熟度还有待提高，价格敏感性要大于品质敏感性。这些问题都制约了中国制造的品质改善和转型升级。而近些年以电子商务为代表的新兴商业业态迅速发展，由于监管手段跟不上，客观上又加大了低品质、低成本的制造产品的销售量。2017 年国家监督抽查产品质量状况公告数据显示，对 164 种 20192 批次产品开展的国家监督抽查中，产品批次合格率为 91.5%，但电商平台的商品质量不合格产品检出率为 25%，商品质量明显低于抽查平均水平。

　　推动中国制造的品质改革，是一项复杂的、涉及社会经济各个方面的巨型系统工程，既需要社会各界和制造业企业的凝心聚力，还需要围绕中国制造品质提升的长时间锲而不舍，这要求以大质量观指导协同推动中国制造的品质革命，从系统、全局、综合和长期视角看待中国制造的质量问题，建立涵盖政治、经济、文化、社会、生态等多领域，企业主导、政府服务、各种社会组织共同参与的全面推进的品质管理体系，具体需要在以下三个方面协同推进。①

一是协同推动企业技术创新、管理创新与制度创新。技术是品质领先的保证，领先的品牌企业都是坚持通过加大技术投入、培育技术能力、积极推进技术创新来追求技术领先战略的，但仅仅是技术创新是不够的，必须协同推进管理创新和制度创新，通过管理创新形成全流程、全企业、全社会的卓越品质管理体系，通过制度创新不断建立和完善有效的激励约束机制，奠定全社会共同努力、各方面激励相容的持续改善中国制造品质的制度基础。要突破中国制造的瓶颈——"工业四基"问题，需要锲而不舍地协同推动企业的技术创新、管理创新和制度创新。

二是协同推进国家质量基础设施建设与企业质量品牌管理体系建设。一方面，要从国家战略高度重视标准、计量、认证和检验检测工作。不断完善政府质量监督管理体系，创新政府质量治理体制，围绕制造业升级的需要，加快制定和实施与国际先进水平接轨的制造业质量、安全、卫生和环保节能标准，提升在国际领域的标准话语权，进一步提高中国校准测量能力，强化中国认证在国际上的影响力和对贸易规则的主导能力，改善中国检验检测国际竞争力。另一方面，强化企业质量主体地位，支持企业加强品牌建设。积极推进企业健全质量

---

① 黄群慧：《推动中国制造的品质革命》，《求是》2018 年第 22 期。

管理体系，加强全面质量管理，充分使用当代信息技术提高质量管理科学化和现代化水平，加强在线质量检测、控制和全生命周期的质量追溯能力培育。品牌既是企业长期的质量信誉的标识，也是不断投资经营的结果，中国制造的品牌建设，尤其需要培育一批专业的品牌服务机构，同时要加大品牌国际化步伐。

三是协同推进质量法制完善和市场体系建设。一方面，加大完善有关产品安全、产品担保和产品责任等方面的法律，强化运用法律手段解决质量法制中的突出问题。产品责任制度需要进一步完善，并在产品质量法等法律规定中予以细化，加重赔偿责任，加大对消费者的保护力度，强化精神损害赔偿和惩罚性赔偿制度，完善中国的产品瑕疵担保责任规定，保护消费者的合理预期，提振消费信心。另一方面，要进一步完善市场体系，加快建设统一开放、信息透明、竞争有序的市场体系，逐步形成打破地区和行业垄断、保护知识产权、促进公平竞争、质量信用管理完善等有利于中国制造质量品牌建设的市场机制。

## ◇ 三 推进制造业高质量发展

质量，是一个日常被广泛使用的词，在物理学中是指物体所具有的一种物理属性，是物质的量的量度。在社会经济中更广泛地被认为是事物、工作、产品满足要求的优劣程度。与微观层面产品质量、服务质量、工程质量和环境质量不同，本节所指的制造业发展质量更是宏观意义上的质量，与经济发展质量、经济增长质量和效率相同，可以认为是制造业发展所具有的特征满足国家和人民要求的程度。党的十九大报告做出了中国社会主要矛盾已经转化为人民日益增长的美好生活需要和不平衡不充分的发展之间的矛盾的重大论断，并要求坚持创新发展、协调发展、绿色发展、开放发展、共享发展的新发展理念。因此从中国社会主要矛盾变化和新发展理念角度看，制造业高质量发展就是制造业发展能够更高程度体现新发展理念要求和满足人民日益增长的美好生活需要的发展，制造业高质量发展应该具有创新是第一动力、协调成为内生需要、绿色成为普遍形态、开放成为必由之路、共享成为根本目的的发展特征。

中国制造业高质量发展的关键是提高制造业供给质量。2016 年中央经济工作会议提出供给侧结构性改革的主攻方向是提高供给质量。党的十九大报告中也指出，建设现代化经济体系，必须把发展经济的着力点放在实体经济上，把提高供给体系质量作为主攻方向，显著增强中国经济质量优势。制造业供给质量可以分为供给要素质量和供给体系质量，制造业供给要素质量就是制造业的劳动力、资本、土地等生产要素所具有的特性满足需求的程度，而制造业供给体系质量则是产品（包括服务、工程等各种形式）、企业和产业等所具有特性满足需求的程度。提高制造业供给要素质量，意味着制造业劳动力素质提高、物质资本更新换代、更多高新技术的投入以及人力资本的提升等，而提高制造业供给体系质量就是提高制造业产品满足消费者消费升级需要的程度、提高制造业企业适应市场竞争的能力、提高适应消费升级的制造业转型升级能力等方面的内涵。

提高制造业供给质量的任务不仅包括微观质量管理所要求的提高制造产品质量或者品质，还包括制造业企业的员工素质和能力提升，以及制造业企业竞争力提高，更是包括政府管理所关注的制造业自身转型升级、制造业结构的高级化和制造业组织的合理化，以及整体科研教育和政府管理等国家治理现代化水平的提高。由于中国进入工业化后期增速趋缓、结构优化、动力转换的经济发展新常态阶段，长期以来中国主要依靠劳动力、资本、土地等供给要素数量增加，以及依靠产品产量增加、企业和产业规模扩张促进制造业增长的发展方式已经不可持续，现在更多地需要通过创新改善供给要素质量和提高制造业供给体系的质量，实现新的供求动态均衡，进而提高制造业全要素生产率促进经济持续增长。制造业供给体系质量决定了中国经济发展质量，进而决定了中国经济发展方式的转变以及经济可持续发展。

推动制造业高质量发展，不仅需要回答如何理解制造业高质量发展的问题，更需要回答如何衡量判断制造业高质量发展的问题。制造业数量增长因为有以增加值为核心的一套固有的统计指标，可以较好地度量制造业增长速度。但是，如何度量制造业发展的质量，则需要进行深入研究和系统创新。从理论上看，推动制造业高质量发展就是要推动质量变革、效率变革和动力变革，最终体现在提高制造业全要素生产率（TFP）上。但是在实际政府经济管理中，全要素生产率并不是一个可以推动高质量发展的可操作性的"抓手"。这不仅因为全要素生产率这个指标具有概览性、回顾性、敏感性和相对性等特征，而且计算结果差异较大，还因为全要素生产率核算仅以劳动力和资本为要素投入，以 GDP 为产出，也不能全面反映自然资源投入和环境因素，也就是无法反映绿色发展问题。虽然经合组织等一些研究机构正在研究绿色全要素生产率，但离真正推广使用还有相当距离。实际上，任何一个单一指标都难以对制造业发展质量进行合理的度量。一个可行的办法就是以五大发展理念为指导，形成一个涵盖创新、协调、绿色、开放和共享等方面内容的指标体系，并进一步构建相应的整体指数。但是，指标体系中具体准确的指标在实际中并不容易获得，现有的统计体系并不十分支持。因此，制造业高质量发展水平的衡量评价还需要进一步深入研究，具体可以开发研究制造业高质量发展的指标体系、制造业高质量发展的标准体系、制造业高质量发展的统计体系、制造业高质量发展的绩效评价体系，等等。

基于上述对制造业高质量发展的基本认识，未来推进中国制造业高质量发展，至少需要从以下三个方面发力。[①]

一是树立大质量观，积极推进中国制造的品质革命。高质量发展必然要求中国制造产品品质实现根本性的变革，通过一场制造品质革命以迅速增进民生福祉、大幅提高人民美好生活需求的满足程度。2018 年的政府工作报告提出："全面开展质量提升行动，推进与国际先进水平对标达标，弘扬工匠精神，来一场中国制造的品质革命。"如上一节所论述，推动中国制造的品质改革，是一项复杂的、涉及社会经济各个方面的巨系统工程，既需要社会各界和制造业企业的凝心聚力，又需要围绕中国制造品质提升的长时间锲而不舍，这要求以大质量观为指导协同推动中国制造的品质革命，从系统、全局、综合和长期视角看待中国制造的质量问题，建立涵盖政治、经济、文化、社会、生态等多领域，企业主导、政府服务、各种社会组织共同参与的全面推进的质量管理体系。一方面，要解决各个层面基础能力不足的问题，包括国家层面的计量、标准、认证和检验检测等国家质量基础设施（NQI）支撑能力，产业层面的产业共性基础能力，企业层面的技术创新能力和管理创新能力；另一方面，要改善社会文化环境、政府政策环境和市场环境，协同推进社会文化环境改善与经济激励机制完善，协调推进质量法制完善和市场体系建设，激发"企业家精神"

---

① 黄群慧：《推动我国制造业高质量发展》，《人民日报》2018 年 8 月 17 日。

和弘扬"工匠精神"。基础能力提高与环境完善相互作用、互相促进，形成一个良性循环，再假以时日，一场成功的制造业品质革命才能实现。

二是树立创新生态系统观，不断提高制造业创新发展的能力。当今世界制造业的智能化、绿色化、服务化、融合化已成为转型升级的基本趋势，而制造业高质量发展的核心就是要推进制造业的这种创新趋势，以提高全要素生产率。这一方面要求加快推进企业优胜劣汰，加快处置"僵尸企业"，制定退出实施办法，将资源集中在这些有效率的发展领域；另一方面要推动先进制造业和现代服务业深度融合，坚定不移建设制造强国，促进新技术、新组织形式、新产业集群形成和发展。而要实现这两方面要求，关键就是要增强制造业技术创新能力。这个问题的解决，仅仅依靠创新投入是远远不够的，关键是树立技术创新生态系统观，不断完善制造业创新生态系统，进行长期的技术积累和努力。基于创新生态系统观，一个国家技术创新能力的提升，不仅需要研发资金和人才投入等要素数量的增加，更重要的是创新要素之间、创新要素与系统和环境之间动态关系优化，即整个创新生态系统的改善。具体而言，要着力修补制造业创新链中的基础研究和产业化之间存在的断裂或者破损，提高科技成果转化率；要构建制造业创新网络，提高创新生态系统开放协同性，促进信息、人才和资金在各类组织之间有效流动，形成开放合作的创新网络和形式多样的创新共同体，构建开放、协同、高效的共性技术研发平台，健全以需求为导向、企业为主体的产学研一体化创新机制；要积极建立有利于各类企业创新发展、公平竞争发展体制机制，尤其是改善中小企业创新的"生态位"，为中小企业创新能力提升创造更好的条件，提高中小企业制造创新能力；要加强各层次工程技术人员培养，尤其是高度重视提高技术工人的创新能力；抓紧布局国家实验室，重组国家重点实验室体系；加强知识产权保护和运用，形成有效的创新激励机制。

三是坚持深化开放，形成制造业全面开放新格局。当今世界的制造业发展，处于一个全球价值链主导的时代。自产业革命开拓机器大生产开始，国际分工经历了工业制成品与农矿业的传统产业间分工、工业内部各产业各产品部门的产业内分工，发展到同一产品不同价值链增值环节的产品内分工。20世纪90年代以后，由于产品模块化程度的提升和生产过程可分性增强，以及信息技术、交通技术等"空间压缩"技术带来的交易效率提高和交易成本的下降，基于价值链不同工序、环节的产品内分工获得极大的发展，制造业全球价值链分工成为一种主导的国际分工形式。而且，随着技术革命的加速拓展、业态不断创新和产业日趋融合，尤其是新兴工业化国家不断努力突破在全球价值链中的"低端锁定"，全球价值链逐步呈现出多极化发展的新态势。因此，一个国家的制造业发展，必须对外开放，融入这个全球价值链中。改革开放40多年的经验表明，中国制造业所取得的发展奇迹，十分得益于中国制造业的对外开放。未来中国制造业的高质量发展，需要坚持深化开放，在新时代形成制造业全面开放的新格局。一方面，持续优化营商环境，建立健全外商投资准入前国民待遇加负面清单管理机制，切实降低制度性交易成本，强化知识产权保护，为全球投资者营造一个稳定公平透明、法治化、可预期的营商环境；另一方面，以"一带一路"建设为重点，引导更多的中国企业到沿线国家投资兴业，建立高水平的研发中心、制造基地和工业园区等，推进与沿线国家企业产能合作和创新能力开放合作，实现多方互利共赢。

# 参考文献

C. Freeman, "Japan: A New National System of Innovation," in G. Dosi, C. Freeman, R. Nelson, Silverberg, L. Soete (eds.), *Technical Change and Economic Theory*, London: Pinter Publishers, 1988.

D. Rodrik, Normalizing Industrial Policy, Commission on Growth and Development Working Paper, 2008, No. 3.

Veronica Martinez, Marko Bastl, Jennifer Kingston, Stephen Evans, Challenges in Transforming Manufacturing Organisations into Product-Service Providers, *Journal of Manufacturing Technology Management*, 2010.

［美］伯纳德·鲍莫尔:《经济指标解读（珍藏版）》, 徐国兴、申涛译, 中国人民大学出版社 2014 年版。

［日］大野健一:《学会工业化——从给予式增长到价值创造》, 陈经伟译, 中信出版集团 2015 年版。

［美］杰里米·里夫金:《第三次工业革命:新经济模式如何改变世界》, 张体伟等译, 中信出版集团 2012 年版。

［英］卡萝塔·佩雷丝:《技术革命与金融资本》, 田方萌译, 中国人民大学出版社 2007 年版。

［德］克劳斯·施瓦布：《第四次工业革命——转型的力量》，李菁译，中信出版集团 2016 年版。

［日］罗伯特·D. 阿特金森、史蒂芬·J. 伊泽尔：《创新经济学——全球优势竞争》，王瑞军译，科学技术文献出版社 2014 年版。

［德］马克思：《资本论》（节选本），人民出版社 1998 年版。

［美］托马斯·库恩：《科学革命的结构》，金吾伦、胡新利译，北京大学出版社 2004 年版。

安筱鹏：《制造业服务化路线图：机理、模式与选择》，商务印书馆 2012 年版。

陈佳贵、黄群慧、吕铁等：《中国工业化进程报告（1995～2010）》，社会科学文献出版社 2012 年版。

工业和信息化部服务型制造专家组等：《服务型制造典型模式解读》，经济管理出版社 2016 年版。

国家制造强国建设战略咨询委员会编著：《中国制造 2025 蓝皮书（2016）》，中国工信出版集团、电子工业出版社 2016 年版。

国家制造强国建设战略咨询委员会编著：《中国制造 2025 蓝皮书（2017）》，中国工信出版集团、电子工业出版社 2017 年版。

国家制造强国建设战略咨询委员会编著：《中国制造 2025 蓝皮书（2018）》，中国工信出版集团、电子工业出版社 2018 年版。

黄群慧、郭朝先等：《可持续工业化与创新驱动》，社会科学文献出版社 2017 年版。

黄群慧、李芳芳等：《中国工业化进程报告（1995～2015）》，社会科学文献出版社 2017 年版。

黄群慧、李晓华、贺俊：《"十三五"工业转型升级的方向与政策》，社会科学文献出版社 2016 年版。

黄群慧等：《"一带一路"沿线国家工业化进程报告》，社会科学文献出版社 2015 年版。

联合国工业发展组织：《工业发展报告 2002/2003：通过创新和学习提高竞争力》，中国财政经济出版社 2003 年版。

刘世锦等：《传统和现代之间——增长模式转型与新型工业化道路的选择》，中国人民大学出版社 2006 年版。

马泉山：《中国工业化的初战——新中国工业化回望录（1949—1957）》，中国社会科学出版社 2015 年版。

文一：《伟大的中国工业革命——"发展政治经济学"一般原理批评纲要》，清华大学出版社 2017 年版。

杨治：《产业经济学导论》，中国人民大学出版社 1985 年版。

张帆：《产业漂移》，北京大学出版社 2014 年版。

张培刚：《农业与工业化》，华中工学院出版社 1984 年版。

中共中央文献研究室编：《习近平关于社会主义经济建设论述摘编》，中央文献出版社 2017 年版。

中国社会科学院工业经济研究所：《中国工业发展报告（2013）》，经济管理出版社 2013 年版。

中国社会科学院工业经济研究所：《中国工业发展报告（2014）》，经济管理出版社 2014 年版。

中国社会科学院工业经济研究所：《中国工业发展报告（2015）》，经济管理出版社 2015 年版。

中国社会科学院工业经济研究所：《中国工业发展报告（2016）》，经济管理出版社 2016 年版。

中国社会科学院工业经济研究所：《中国工业发展报告（2017）》，经济管理出版社 2017 年版。

中国社会科学院工业经济研究所：《中国工业发展报告（2018）》，经
济管理出版社 2018 年版。

刘红玉：《马克思的创新思想研究》，博士学位论文，湖南大学，
2011 年。


蔡昉：《"中等收入陷阱"的理论、经验与针对性》，《经济学动态》
2013 年第 12 期。

蔡昉：《认识中国经济的短期和长期视角》，《经济学动态》2013 年第
5 期。

陈佳贵、黄群慧：《工业发展、国情变化与经济现代化战略——中国
成为工业大国的国情分析》，《中国社会科学》2005 年第 4 期。

贺俊、刘湘丽：《日本依托"母工厂"发展先进制造的实践与启示》，
《中国党政干部论坛》2013 年第 10 期。

黄群慧：《"十三五"时期新一轮国有经济战略性调整研究》，《北京
交通大学学报》（社会科学版）2016 年第 2 期。

黄群慧：《改革开放 40 年中国产业发展与工业化进程》，《中国工业经
济》2018 年第 9 期。

黄群慧：《经济新常态、工业化后期与工业增长新动力》，《中国工业
经济》2014 年第 10 期。

黄群慧：《论新时期中国实体经济的发展》，《中国工业经济》2017 年
第 9 期。

黄群慧：《推动中国制造的品质革命》，《求是》2018 年第 22 期。

黄群慧：《新经济的基本特征与企业管理变革方向》，《辽宁大学学
报》（哲学社会科学版）2016 年第 5 期。

黄群慧：《中国产业政策的基本特征与未来走向》，《探索与争鸣》
2017 年第 1 期。

黄群慧：《中国工业化进程：阶段、特征与前景》，《经济与管理》
2013 年第 7 期。

黄群慧：《中国工业化进程及其对全球化的影响》，《中国工业经济》
2017 年第 6 期。

黄群慧、黄阳华、贺俊、江飞涛：《步入中高收入阶段的中国工业化
战略研究》，《中国社会科学》2017 年第 12 期。

黄群慧、霍景东：《中国制造业服务化的现状与问题——国际比较视
角》，《学习与探索》2013 年第 8 期。

黄群慧、霍景东：《中国制造 2025 战略下的制造业服务化发展的思
路》，《中国工业评论》2015 年第 11 期。

黄群慧、石颖：《东北地区工业经济下行的原因分析及对策建议》，
《学习与探索》2016 年第 7 期。

江飞涛、武鹏、李晓萍：《中国工业经济增长动力机制转换》，《中国
工业经济》2014 年第 5 期。

姜鸿、贺俊：《中美制造业税负成本比较及对策建议》，《财经》2016
年第 12 期。

李晓华：《后危机时代我国产能过剩研究》，《财经问题研究》2013 年
第 6 期。

刘江：《中国工业企业的所有制分布特征》，《首都经济贸易大学学
报》2018 年第 6 期。

刘戒骄、王振：《市场化化解产能过剩的原理与措施分析》，《经济管
理》2017 年第 6 期。

刘世锦：《寻求中国经济增长新的动力和平衡》，《中国发展观察》

2013 年第 6 期。

刘伟、蔡志洲：《我国工业化进程中的产业结构升级与新常态下的经济增长》，《北京大学学报》（哲学社会科学版）2015 年第 3 期。

刘悦、周默涵：《环境规制是否会妨碍企业竞争力：基于异质性企业的理论分析》，《世界经济》2018 年第 4 期。

马本、郑新业：《产业政策理论研究新进展及其启示》，《教学与研究》2018 年第 8 期。

玛丽·霍尔沃德－德里梅尔（Mary Hallward - Driemeier）、高拉夫·纳亚尔（Gaurav Nayyar）：《不断变化的全球制造业格局：12 个事实》，《中国经济报告》2018 年第 4 期。

庞元正：《从创新理论到创新实践唯物主义》，《中共中央党校学报》2006 年第 6 期。

朴永燮：《经济转型与"中等收入陷阱"：韩国经验》，《经济社会体制比较》2013 年第 1 期。

渠慎宁、杨丹辉：《中美制造业劳动力成本比较》，《中国党政干部论坛》2017 年第 9 期。

舒远招：《马克思的创造概念》，《湖南师范大学社会科学学报》1998 年第 5 期。

童洁、张旭梅、但斌：《制造业与生产性服务业融合发展的模式与策略研究》，《软科学》2010 年第 2 期。

徐林：《国际贸易规则下的中国产业政策如何优化》，《中国改革》2018 年第 4 期。

杨沐、黄一义：《需求管理应与供给管理相结合——兼谈必须尽快研究和制订产业政策》，《经济研究》1986 年第 2 期。

张彩云、吕越：《绿色生产规制与企业研发创新——影响及机制研究》，《经济管理》2018 年第 1 期。

张慧明、蔡银寅：《中国制造业如何走出"低端锁定"——基于面板数据的实证分析》，《国际经贸探索》2015 年第 1 期。

中国经济增长前沿课题组：《中国经济转型的结构性特征、风险与效率提升路径》，《经济研究》2013 年第 10 期。

卓贤：《金融膨胀与中国经济转型》，《财经》2018 年第 13 期。


陈永伟：《经济增长：从何而来、终于何方》，《经济观察报》2018 年 10 月 15 日。

国家统计局：《中华人民共和国 2017 年国民经济和社会发展统计公报》，《人民日报》2018 年 3 月 1 日。

黄汉权：《"八字方针"为供给侧结构性改革定向指航》，《经济日报》2018 年 12 月 28 日。

黄群慧：《从高速度工业化向高质量工业化转变》，《人民日报》2017 年 11 月 26 日。

黄群慧：《从新一轮科技革命看培育供给侧新动能》，《人民日报》2016 年 5 月 23 日。

黄群慧：《工匠精神的失落与重塑》，《光明日报》2016 年 6 月 29 日。

黄群慧：《论中国特色社会主义创新发展理念》，《光明日报》2017 年 9 月 5 日。

黄群慧：《全面实施制造强国战略新阶段》，《经济日报》2017 年 5 月 19 日。

黄群慧：《推动我国制造业高质量发展》，《人民日报》2018 年 8 月 17 日。

黄群慧：《以供给侧结构性改革完善制造业创新生态》，《光明日报》

2016 年 4 月 27 日。

黄群慧：《以智能制造为先导构造现代产业新体系》，《光明日报》2016 年 6 月 8 日。

黄群慧：《以智能制造作为新经济主攻方向》，《经济日报》2016 年 10 月 13 日。

黄群慧：《中国制造如何向服务化转型》，《经济日报》2017 年 6 月16 日。

黄群慧、杨丹辉：《构架绿色制造体系的着力点》，《经济日报》2015 年 12 月 10 日。

金碚：《推进工业化仍是我国重要战略任务》，《光明日报》2014 年 12 月 1 日。

魏际刚：《中国产业中长期发展战略问题》，《中国经济时报》2015 年 5 月 5 日。

《2017 年我国"三新"经济增加值相当于 GDP 的比重为 15.7》，2018 年 11 月 22 日，国家统计局网站（http：//www. stats. gov. cn/tjsj/zxfb/201811/t20181122_ 1635086. html）。

《波澜壮阔四十载　民族复兴展新篇——改革开放 40 年经济社会发展成就系列报告之一》，2018 年 8 月 27 日，国家统计局网站（http：//www. stats. gov. cn/ztjc/ztfx/ggkf40n/201808/t20180827_ 1619235. html）。

《改革开放铸就工业辉煌　创新转型做强制造大国——改革开放 40 年经济社会发展成就系列报告之六》，2018 年 9 月 4 日，国家统计局网站（http：//www. stats. gov. cn/ztjc/ztfx/ggkf40n/201809/t20180904_ 1620676. html）。

《国际地位显著提高　国际影响力明显增强——党的十八大以来经济社会发展成就系列之二》，2017 年 6 月 21 日，国家统计局网站

（http：//www. stats. gov. cn/tjsj/sjjd/201706/t20170621_ 1505616. html）。

《2017 年我国经济发展新动能指数比上年增长 34. 1%》，2018 年 11 月 23 日，国家统计局网站（http：//www. stats. gov. cn/tjsj/zxfb/ 201811/t20181123_ 1635449. html）。

米健、宋紫峰：《"中国制造"海外消费者认同度的现状、问题与对策》，《国务院发展研究中心调查研究报告》，2018 年 5 月 11 日，国务院发展研究中心网站（http：//www. drc. gov. cn/xscg/ 20180511/182 – 224 – 2896131. htm）。

谢振忠：《基础支撑发展　强基制胜未来——解读〈工业强基工程实施指南（2016—2020 年）〉》，中国报告网（http：//news. chinabaogao. com/hgjj/201612/1292611602016. html）。

# 索　引

# 后　记

　　制造业是强国之基、兴国之器、立国之本。随着中国国家制造强国战略的实施，尤其是2018年发生中美贸易摩擦以来，中国制造业发展问题引起了社会上的普遍关注。但是，有关中国制造业发展现状、水平、阶段、问题以及未来发展前景的客观理性分析著作，国内外并不多见。一方面是众多专业性研究文献，虽科学客观但主要服务于学者专家的学术交流；另一方面则是大量的普及性读物，虽被自媒体大量流传但缺少客观理性，甚至谬误很多。在这种背景下，对中国制造业发展进行客观描述和阐释，使国内外读者客观理解和科学认识中国的制造业发展，具有重要的意义。这会使得国内读者更加正确地认识到中国制造业的发展水平和历程，更加理性地看待当前面临的问题，凝聚共识，增强进一步发展的决心；也会使得国外读者增进对中国制造业的了解和认识，为中国制造业发展营造更好的国际环境。这正是《理解中国制造》这本书的基本定位，而这类研究也恰是《理解中国》丛书的基本宗旨。

　　本书采用"总—分—总"的结构，前四章通过对制造大国崛起、工业化进程、中国制造的发展状况与中国制造的机遇与挑战的阐释，试图将中国制造业放在工业化进程中给出一个总体描述，同时分析其现状、所处发展阶段和所面临的机遇问题；第五章到第十章讨论了中国制造业化解产能过剩、技术创新、智能制造、绿色制造、服务型制造、工业基础等具体问题；最后两章从总体上分析了中国制造业的政策与战略以及未来发展走向。本书出版得到文化名家暨"四个一批"人才、哲学社会科学万人计划经费的支持以及国家社科基金"'中国制造 2025'的技术路径、产业选择与战略规划研究（批准号：15ZDB149)"的资助。

自 2003 年开始我一直对中国工业化与工业现代化问题进行研究，近些年在报刊发表了一系列中国制造业问题的学术论文和理论性文章。2015 年我开始担任国家制造强国建设战略咨询委员会委员，也更多地将研究精力聚焦到中国制造业发展上。受中国社会科学出版社赵剑英社长邀请，基于上述定位撰写这本《理解中国制造》，一方面是自己的研究兴趣和作为国家制造强国建设战略咨询委员会委员的职责所在，另一方面也是对近些年自己的相关研究的系统梳理和总结。在这里对赵剑英社长提供给我这个机会，以及一直以来对我的鼓励深表谢意。从接受本书的写作任务到完稿，经历了两年多的时间。中国社会科学出版社总编辑助理、本书责任编辑王茵同志对我交稿时间一拖再拖给予了极大的包容，仅仅一个感谢是无法表达我此刻心情的。

中国制造业发展是一个庞大复杂的主题，限于时间和本人的学识，本书的研究阐释还不够全面深入，衷心希望得到读者的批评指正！

黄群慧

2019 年 1 月 31 日